Helmut Fuchs
Andreas Huber

Die Morpheus-Strategie

Helmut Fuchs
Andreas Huber

Die Morpheus-Strategie

Klarträume, Traumanalyse und die Lebensweisheit des Selbst

Trainerverlag

Imprint
Any brand names and product names mentioned in this book are subject to trademark, brand or patent protection and are trademarks or registered trademarks of their respective holders. The use of brand names, product names, common names, trade names, product descriptions etc. even without a particular marking in this work is in no way to be construed to mean that such names may be regarded as unrestricted in respect of trademark and brand protection legislation and could thus be used by anyone.

Cover image: www.ingimage.com

Publisher:
Der Trainerverlag
is a trademark of
International Book Market Service Ltd., member of OmniScriptum Publishing Group
17 Meldrum Street, Beau Bassin 71504, Mauritius
Printed at: see last page
ISBN: 978-620-2-49473-1

Dr. Helmut Fuchs
Dr. Andreas Huber
Die MORPHEUS-Strategie
Die Kunst, einen traumhaften Lebensentwurf zu gestalten
Klarträume, Traumanalyse und die Lebensweisheiten des Selbst

Dr. Helmut Fuchs
Dr. Andreas Huber

Die MORPHEUS-Strategie

Die Kunst, einen traumhaften Lebensentwurf zu gestalten

Klarträume, Traumanalyse und die Lebensweisheit des Selbst

Dr. Helmut Fuchs und **Dr. Andreas Huber** sind ausgewiesene Experten zum Thema Persönlichkeitsentwicklung, Mentales Training und Coaching, Selfness und Motivation. Zahlreiche Bücher und Bestseller zu diesem Themenfeld wie „Die 16 Lebensmotive" oder „Gefühlsterroristen" haben sie als Autorenteam veröffentlicht. Beide führen gemeinsam auch Seminare zum Thema Träumen und mentale Stärke durch. Mehr dazu auch bei persönlichem Kontakt oder unter www.launologie.com

Inhalt

Vorbemerkung ... 6

Träume in Zahlen ... 7

Einleitung: Traum zwischen Wahn und Weisheit ... 9

Traumgeschichte: Der Mensch als Traumwesen ... 11

Frühe Traumtheorien: Magische Erkenntnis oder fauler Zauber? ... 11

Berühmte Träume ... 12

Antiker Tempelschlaf: Heilende Träume ... 14

Frühe Erkenntnisse über die Funktion der Träume ... 15

Artemidors „Traumbuch“: die Kunst der antiken Traumdeutung ... 16

Traumforschung: In der Dunkelkammer unseres Gehirns ... 19

Wie wir schlafen und träumen ... 19

Die „schnellen Augenbewegungen“ ... 20

Der Traum als physisches Phänomen ... 23

Träume während des Non-REM-Schlafes ... 24

Funktion der Tagträume ... 25

Traumbiologie: Warum wir träumen Warum träumen wir? ... 26

Träume als Überlebenstraining ... 26

Träume bei Tieren ... 27

Zusammenfassung: Die Entwicklung des Schlafes ... 28

Traumbedeutung: Psycho-Logik der Träume ... 29

Traditionelle Traumtheorien: Sinn und Unsinn des Träumens ... 29

Die Traumdeutung Sigmund Freuds ... 29

Die Traumdeutung Carl Gustav Jungs ... 34

Weitere tiefenpsychologische Traumtheorien ... 38

Moderne Traumempirie: Was man wirklich weiß ... 41

Traumgründe: Tagesreste und andere Quellen. ... 42

Realitätscharakter: Wirklichkeitsnah oder absurd? ... 43

Trauminhalte: Worüber träumen wir? ... 44

Traumerinnerung: Wie häufig träumen wir? ... 44

Traumwahrnehmung: scharf oder unscharf? ... 45

Traumgefühle ... 47

Traumsinne ... 47

Traumfarben ... 48

Kinderträume ... 48

Altersträume: die späten Träume ... 49

Männer und Frauen: auch im Traum unterschiedlich? ... 50

Traumfunktionen: komplexe Lebenshilfe ... 52

Traumbewusstsein 52
Wie Träume wirken 54
Träume: Multifunktionale Lebenshilfe 55
Emotionale Funktion: Stressverarbeitung – mit viel Gefühl 57
Kreative Funktion: Problemlösung – Heureka! 58
Psychische Funktion: Identität – ich träume, also bin ich 61
Diagnostische Funktion: Träume in Therapie und Medizin 62
Traumdeutung: Wegweiser zum persönlichen Lebensglück 64
Traumsprache: Traum als Symbol- und Metaphernmaschine 65
Grundlagen – das kognitive Unbewusste 66
Systemtheoretische Ansätze 67
Die Potenziale des Unbewussten erschließen 68
Dialog zwischen Wach-Ich und Traum-Ich 69
Ansätze zur individuellen Traumarbeit 71
Gibt es ein Lexikon der Träume? 72
Fallbeispiel: Entwicklung der Traumsprache im Verlauf einer Psychotherapie 73
Traumgedächtnis: Anleitungen zur Traumerinnerung 76
Ihr persönliches Traumtagebuch 78
Traumarbeit: Anleitungen zum Traumdialog 80
Übung: Traumsymbole 81
Symbolformen 82
Übung: Symbol-Assoziationen I 84
Übung: Symbol-Assoziationen II 85
Traumdeutungen: Modelle und Strukturen 87
Traumdeutungsschema 1: sechs Fragen an den Traum 87
Übung: sechs Fragen an den Traum 94
Beispiele für Traumdeutungen 95
Traumdeutungsschema II: „Zehn Praxisschritte“ 99
Übung: Zehn Praxisschritte 100
Traumdeutungsschema III: Die „integrativ personorientierte Traumarbeit“ 101
Übung: Die personorientierte Traumarbeit 104
Albträume: Die Angst bewältigen 105
Hilfe vom Experten 106
Albträume bei Kindern 106
Psychische Ursachen 107
Schöpferisch träumen: Der „Klartraum“ als Lebenshilfe? 108
Hilfe zur Selbsthilfe 109
Die MEPHISTO-STRATEGIE 110

7 Schritte zum Erfolg 110
Wenn Paare träumen: die andere Seite der Partnerschaft 111
Träume als Botschaften 112
Traumwelt: Leben wie im Traum? 113
Traumintelligenz: Ich = Wach-Ich + Traum-Ich 113
Traummagie: göttliche Stimme und kosmische Offenbarung? 115
Anhang 117
Literatur 124

Vorbemerkung

Morpheus (griechisch Μορφεύς, von griechisch *morphe*, dt. Gestalt) ist ein Gott der Träume (Oneiroi) in der griechischen Mythologie. Er ist ein Sohn des Hypnos, des Gottes des Schlafs.

Seit wir wissen, dass zu wenig Schlaf krank macht und eine Fülle von leistungseinschränkenden Folgen mit sich bringt, ist auch die Schlafforschung im Dienste der wirtschaftlichen Verwertbarkeit wieder hoffähig geworden.

Stiefkindlich, ja sogar sträflichst vernachlässigt, ist allerdings die Beschäftigung mit dem Traum und den Möglichkeiten der Einflussnahme auf eine gepflegte Lebenskunst und vielfältigste Alltagsoptionen.

Mit der *Morpheus-Strategie* möchten wir - ähnlich wie Träume - ein großes Tor öffnen und Denkanstöße bereitstellen, sich intensiv mit der Wirkcharakteristik einer täglich wiederkehrenden Ressource auseinanderzusetzen und gegebenenfalls die eine oder andere Hilfestellung auszuprobieren.

In diesem Buch erweitern Sie Ihre Grundkenntnisse und in unseren Seminaren zum Träumen erlernen Sie von der Klartraumtechnik bis zur individuellen Traumanalyse und Tagräumen das Handwerkzeug der MORPHEUS-Strategie für den Einsatz in der Formgebung einer gelungenen Lebenskunst.

Die einzelnen Schritte der Morpheus-Strategie:

M = Mit den Träumen anfreunden
0 = Ohne Angst starten
R = Ruhephasen in den Alltag einbauen
P = Persönliche Traumaufzeichnungen vorbereiten (Traumtagebuch)
H = Häufigere Traumaufzeichnungen anfertigen
E = Erste Traumphasen analysieren
U = Über die Traumsprache das Leben verstehen
S = Systematisch die Sprache der Träume verstehen und nutzen

Mehr dazu finden Sie auf unserer Website www.launologie.com

Träume in Zahlen

Stunden, die ein Deutscher durchschnittlich pro Tag schläft	8,2
Stunden, die der Mensch durchschnittlich pro Tag im Schlaf träumt	1,5
Stunden, die der Mensch in einem Jahr träumt	547,5
Stunden, die der Mensch bei einer Lebenserwartung von 80 Jahren träumt	43.800
Zahl der Traumphasen in einer Nacht	4-6
Dauer der ersten Traumphasen in einer Nacht, in Minuten	5-10
Dauer der letzten Traumphasen in einer Nacht, in Minuten	30-34
Anteil der Erwachsenen, die sich an ihre Träume erinnern können, in Prozent	75
Anteil der Kinder zwischen drei und fünf Jahren, die sich an ihre Träume erinnern können, in Prozent	27
Alter, ab dem sich Kinder wie Erwachsene an ihre Träume erinnern können, in Jahren	11
Alter, ab dem in Kinderträumen ein aktives Ich vorkommt, in Jahren	8
Anteil der Träume bei Schlaflaboruntersuchungen, die als bizarr gelten können, in Prozent	2
Anteil der Träume bei Schlaflaboruntersuchungen, die sich so auch im Alltag ereignet haben könnten, in Prozent	90
Anteil der deutschen Erwachsenen, die im Jahr 1956 von viel Geld geträumt haben, in Prozent	10
Anteil der deutschen Erwachsenen, die im Jahr 1970 von viel Geld geträumt haben, in Prozent	13
Anteil der deutschen Erwachsenen, die im Jahr 2000 von viel Geld geträumt haben, in Prozent	19
Anteil der deutschen Erwachsenen, die im Jahr 1956 von ihrer Arbeit geträumt haben, in Prozent	23
Anteil der deutschen Erwachsenen, die im Jahr 1970 von ihrer Arbeit geträumt haben, in Prozent von ihrer Arbeit geträumt haben, in Prozent	25
Anteil der deutschen Erwachsenen, die im Jahr 2000 von ihrer Arbeit geträumt haben, in Prozent	34
Anteil der Deutschen über 14 Jahre, die mehrmals im Jahr unter Albträumen leiden, in Prozent	49,7
Anteil der Deutschen über 14 Jahre, die davon träumen, ihren Arbeitsplatz zu verlieren, in Prozent	7
Anteil der Deutschen über 14 Jahre, die davon träumen, zu spät zu einem wichtigen Termin zu kommen, in Prozent	23
Anteil der Deutschen über 14 Jahre, die davon träumen, in einer Prüfungssituation zu versagen, in Prozent	12,5
Anteil der Deutschen über 14 Jahre, die davon träumen, sich in der Öffentlichkeit zu blamieren, in Prozent	11,6
Anteil der Frauen, die von Schicksalsschlägen träumen, in Prozent	77
Anteil der Männer, die von Schicksalsschlägen träumen, in Prozent	80
Anteil der Frauen, die von Arbeit, Schule oder Politik träumen, in Prozent	20
Anteil der Männer, die von Arbeit, Schule oder Politik träumen, in Prozent	30
Anteil der Frauen, die von Freizeit träumen, in Prozent	42
Anteil der Männer, die von Freizeit träumen, in Prozent	27
Anteil der Männer, die im Traum nachdenken, in Prozent	14
Anteil der Frauen, die im Traum nachdenken, in Prozent	21

Anteil der Frauen, die im Traum zielgerichtet nachdenken, in Prozent	74
Anteil der Männer, die im Traum zielgerichtet nachdenken, in Prozent	67
Anteil der Amerikaner, in deren Träumen negative Gefühle eine Rolle spielen, in Prozent	80
Anteil der Deutschen, in deren Träumen negative Gefühle eine Rolle spielen, in Prozent	69
Anteil der Amerikaner, die vor der Finanzkrise von sich glaubten, den amerikanischen Traum erreicht zu haben, in Prozent	32
Anteil der Amerikaner, die nach der Finanzkrise von sich glauben, den amerikanischen Traum erreicht zu haben, in Prozent	44
Anteil der Amerikaner, für die der amerikanische Traum vor der Finanzkrise finanzieller Reichtum bedeutete, in Prozent	19
Anteil der Amerikaner, für die der amerikanische Traum nach der Finanzkrise noch finanzieller Reichtum bedeutet, in Prozent	11
Anteil der Amerikaner, für die der amerikanische Traum vor der Finanzkrise Freiheit und Möglichkeiten bedeutete, in Prozent	20
Anteil der Amerikaner, für die der amerikanische Traum nach der Finanzkrise Freiheit und Möglichkeiten bedeutet, in Prozent	27
Anteil der Amerikaner, die nach der Finanzkrise den amerikanischen Traum völlig aufgegeben haben, in Prozent	20

Quellen: Institut für Demoskopie Allensbach, Gesellschaft für Konsumforschung Nürnberg; Veröffentlichungen in Dreamresearch.net, "Nature", "New York Times" und CBS News; wissenschaftliche Studien von Adam Schneider und William Domhoff; gesammelt von Statista Hamburg

Denken ist die Arbeit des Intellekts, Träumen sein Vergnügen
(Victor Hugo)

Einleitung: Traum zwischen Wahn und Weisheit

„Es gibt mehr Dinge zwischen Himmel und Erde“, klagte und kritisierte Shakespeares Hamlet, „als es die Schulweisheit erträumt.“ Wie dieses Buch zeigen wird, ist der Traum ein sehr irdisches und „vernünftiges“ Phänomen – mitunter kann er aber auch Wege in höhere oder tiefere Sphären eröffnen.

Was bedeuten Träume für Sie? Sind Träume „psycho“ – voller dunkler Abgründe? Wenn wir schlafen, meinen viele, dann schläft auch unser Verstand und wir sind in den Träumen mehr oder weniger dem Wahnsinn ausgeliefert: „Der Schlaf der Vernunft gebiert Ungeheuer“, betitelte Goya eines der berühmtesten Traumbilder der Kunstgeschichte.

Sigmund Freud versuchte diesen dunklen, irrationalen Mythos zu entlarven und den Traum als rationales und „vollgültiges psychisches Phänomen“ im Dienste wichtiger unbewusster Wunscherfüllungen zu verstehen. Trotz aller fragwürdigen Berühmtheit mit mäßigem Erfolg: vielen Laien und Vertretern anderer Schulen gilt Freuds *Traumdeutung* noch immer als Hexenwerk. Völlig zu Unrecht – wenn man es differenziert betrachtet.

Ähnlich negativ urteilt der nicht immer weise Volksmund „Träume sind Schäume“. Tatsächlich meinten auch einige zeitgenössische Physiologen im Träumen ein reinigendes, aber irrlichternes und zufälliges Flackern von Nervenimpulsen erkennen zu können: eine gleichsam hauseigene „Entsorgungsanlage“ für den täglichen Info- und Psychomüll.

Beide Sichtweisen sind mittlerweile als kurzsichtig oder blind entlarvt. Das Traumgeschehen ist weder mit der Metapher leerer Psycho-Blasen zu verstehen, noch rühren dunkle Geister in der Nacht einen ungenießbaren, giftigen Seelentrank. „Der Traum“, resümiert der Amerikaner Harry Fiss, Pionier der neuen Generation der Traumforscher, das grundlegend gewandelte Traumbild, „ist *multifunktionale* Lebenshilfe“[1]: In oft hochkomplex verdichteten, letztlich aber immer verständlichen und bedeutungsvollen (Sprach-)Bildern voller Emotionen stabilisieren sie unsere Identität, regulieren unsere Stimmung und helfen uns, Probleme zu lösen, Stress zu verarbeiten und Sinn zu finden.

Im weiten Feld der Psychologie des Traumes kann man drei Schulen unterscheiden: Die *tiefenpsychologischen* Theorien von Sigmund Freud und Carl Gustav Jung – mitsamt aller daran anschließenden psychotherapeutischen Traumkonzepte –, die *neurobiologischen* Modelle und die Ansätze der neueren experimentellen *(kognitions-)psychologischen* Traumforschung. Wir werden uns mit allen beschäftigen, der Schwerpunkt liegt allerdings auf der eigentlichen *psychologischen* Traumforschung, da in ihr viele Einseitigkeiten, Verzerrungen oder Halbwahrheiten der beiden anderen Richtungen vermieden werden.

Für die moderne Forschung sind Träume weder tiefenpsychologisch maskierte Wunscherfüllungen noch physiologische Entsorgungsanlagen. Träume basieren vielmehr auf regelmäßigen und lebenswichtigen Gehirnprozessen, die psychologisch für unsere Entwicklung und Handlungsfähigkeit absolut notwendig sind: Der Traum aktiviert ein Leben lang Nervenverbindungen und Programme, um sie instand zu halten und zu pflegen – von der Wiege bis zur Bahre. So geht man davon aus, dass Säuglinge so viel träumen und sich ihr Gehirn so schnell entwickelt, weil sich erst durch das Träumen die neuen Sinneseindrücke und die entsprechenden „neuronalen Netzwerke“ festigen und vertiefen. Und diese physiologische Arbeit erfüllt als evolutionäres Erbe immer psychologische Funktionen: Ohne Träume hätten wir nie ein Ich oder Selbst entwickelt – und wir könnten es nicht aufrechterhalten oder gar weiterentwickeln.

In anderen Worten: Der Mensch braucht seine Träume wie Speis und Trank – sobald er aufhören würde zu träumen, wäre das ein ebenso natürliches Ende seines Menschseins wie der ganz große Abschied von dieser Weltenbühne.
Der Traum ist so betrachtet alles andere als „Wahn" oder Halluzination: Trauminhalte sind praktisch nie willkürlich oder zufällige Kompositionen von Tageseindrücken und Erinnerungen. Genauso wie sich im Schlaf der Körper erholt, regeneriert der Traum das menschliche Gehirn: Während es die aktuellen Ereignisse verarbeitet, macht es sich fit für die kommenden Herausforderungen. Die modernen Traumpsychologen nennen dies *Mastery-Theorie:* Der
Traum ist eine mentale Tätigkeit der komplexen Informationsverarbeitung, die generell der Problemlösung dient – kognitiv-gedanklich, emotional und handlungsorientiert. In anderen Worten: Träume sind Freundesrat und -tat. Sie können uns helfen und beraten, uns unterstützen – und auch kritisieren oder warnen, wenn wir problematische Dinge im Alltag nicht erkennen oder erkennen wollen.
Die Psychologin Rosalind Cartwright geht wie andere Traumforscher davon aus, dass Träumen vor allem eine identitätsschaffende und stressverarbeitende Dimension charakterisiert: Im Traum kann die menschliche Psyche ungestört von äußeren Einflüssen die täglichen Probleme ordnen und auflösen: „Während des Träumens", so Cartwright, „frischen wir das Programm auf, das uns sagt, wer wir sind. Das wird vor allem dann nötig, wenn wir uns in einer Lebenskrise befinden und unsere Identität in Frage gestellt ist."[2]

Cartwright hat unter anderem die Träume von Menschen in Lebenskrisen mit den Träumen unbelasteter Menschen verglichen. Wie sich zeigte, haben Glückliche und Zufriedene auch im Traum kaum Probleme: Ihre Träume sind eher belanglos und sie müssen „nicht viel Arbeit verrichten". Bei den belasteten oder gar depressiven Träumern jedoch sind die Träume oft lästig anmutende, quälende Wiederholungen früherer Fehler und verpasster Gelegenheiten. Die Psychologin konnte in solchen Fällen die positiven Wirkungen der Traumarbeit nachweisen: Nach einer gewissen Zeit werden die von Lebenskrisen betroffenen Menschen wieder aktiver und ihre Stimmung besser, weil ihre Träume die negativen Emotionen und Verletzungen gut bearbeitet haben.
Alles in allem gesehen stützt die moderne Traumforschung im Grunde genommen ein weiteres Klischee, das seit Jahrtausenden von der oft als göttlich verstandenen „Weisheit der Träume" kündet. Sie rückt dieses oft dogmatisch missverstandene Stereotyp allerdings ins rechte Licht: Die Weisheit liegt in uns selbst – wir müssen uns der Träume bewusst werden, ihre Sprache verstehen, um ihre Botschaften ins Wachleben integrieren zu können. Erich Fromm verstand die Symbolsprache des Traums als einzige „Fremdsprache", die jeder von uns zumindest in den Grundlagen beherrschen sollte – letztlich ist die Traumsprache die einzige universell gültige und allgemeine Fremdsprache der Menschheit. Diese den Märchen und Mythen aller Kulturen ein Stück weit ähnliche Sprache ist für viele „eindimensional" orientierte Menschen der Aufklärung und der (Post-)Moderne zwar ungewohnt, dennoch kann sie jeder so gut lernen, dass er die Bilder- und Gefühlstexte seiner Träume lesen und verstehen kann.

Dieses Buch versteht sich so betrachtet als Beitrag zur psychologischen Alphabetisierung: Was weiß man heute über den Traum? Und was bedeutet eine „vernünftige" Traumdeutung

– diesseits aller esoterisch-irrationalen Überhöhungen und jenseits jeglicher rational-mechanistischer Unterschätzungen? Letztlich handelt es sich um einen ebenso inspirierenden wie alltagstauglichen Dialog zwischen Traum-Ich und Wach-Ich, der lebenskluge Vorsorge für das Selbst und die Seele ermöglicht.
Da es keine praktischere Grundlage als eine gute Theorie gibt, sind notwendige kompakte, grundlegende Ausführungen zu theoretischen Hintergründen unerlässlich. Bevor Sie dann selbst zur traumdeutenden Tat aufgefordert und angeleitet werden, können Sie sich bereits vorher an einigen Beispielen bewusst machen, wie Träume gedeutet werden können. Ein „Rezept" der Traumdeutung kann und wird allerdings nicht geliefert: Die Garantie einer definitiven Deutung hat es nie gegeben. Es gibt sie trotz aller objektiven Fortschritte auch heute nicht – und sie wird es wohl nie geben: Dazu ist jeder Traum viel zu persönlich. Jeder Einzelne muss entscheiden, was eigentlich genau sein Traum ihm sagen möchte. Mit oder ohne Anleitung. Sicher ist nur, dass Träume mehr oder weniger Wichtiges mitteilen – meist geht es um das Mehr. Und wie im richtigen Leben sind die wirklich guten Ratschläge von wahren Freunden nicht immer nur angenehm. Aber ausnahmslos ehrlich, im besten Sinne realistisch und konstruktiv. Wenn Sie ihre Träume als Freunde erkennen, hat dieses Buch einen traumhaften Zweck erfüllt.

Für drei Dinge muss man beten: einen guten König, ein gutes Jahr und einen guten Traum. (Talmud)

Traumgeschichte: Der Mensch als Traumwesen

Träume haben die Menschen seit Anbeginn ihrer Geschichte beschäftigt: „Traumdeutung" gehört anthropologisch betrachtet zum Menschsein wie Sonnenaufgang, Geburt und Tod. So spielen
Träume in allen großen Quellen, Mythen, Sagen und Schriften der Menschheitskulturen eine mehr oder minder wichtige Rolle: Im Gilgamesch-Epos ebenso wie in der Bibel wird über Träume berichtet – und sie werden gedeutet. Den Traum empfanden die Menschen jedenfalls nie als nebensächlich. Im Gegenteil.

Frühe Traumtheorien: Magische Erkenntnis oder fauler Zauber?

Historisch kann man im Wesentlichen zwei Auffassungen unterscheiden:

- Den prophetischen Traum: Ob „böse Träume" von Dämonen (vor denen sich einige Jahrhunderte später besonders Martin Luther fürchtete) oder „gute" von Göttern geschickte Träume – beide sagten für Sumerer, Babyloner, Assyrer oder Ägypter die Zukunft voraus.
- Den heilenden Traum: Ob individuell oder die Gemeinschaft betreffend, für Homer, Hesiod und viele andere frühe Gelehrte offenbarte ein Traum, was dem Menschen und dem Volk oder Stamm gut tat. Vor allem Ägypter und Griechen entwickelten aus und um den Traum quasi-wissenschaftliche Heilslehren.

So warten heute noch viele Naturvölker und indianische Stämme vor wichtigen Entscheidungen ihres Volkes oder bei Erkrankungen die Träume ihrer Schamanen und Medizinmänner ab. In der Bibel sagte Joseph im bekannten Traum des Pharao sieben fette und sieben magere Jahre voraus, auf die man sich vorbereiten müsse. Ein bekanntes negatives Beispiel für die prophetische Kraft der Träume handelt von dem persischen Herrscher Xerxes, der sich seine Träume im Sinne einer Entscheidung für den Eroberungskrieg gegen die Griechen deuten ließ – seine Armee dann allerdings in den Untergang führte.
Dass Träume tatsächlich prophetisch sein können, ist häufig dokumentiert. Zu den bekanntesten Beispielen zählt Calpurnias Traum von der Ermordung ihres Gatten Cäsar – ihr prophetischer Alptraum blieb trotz eindrücklicher Warnungen unbeachtet. Ebenso berühmt ist der prophetische Traum, den Cicero niederschrieb und der im alten Rom offensichtlich über Jahrhunderte tief beeindruckte: „Der Dichter Simonides, der einst den Leichnam irgendeines Unbekannten unbeachtet am Straßenrande angetroffen und für seine anständige Bestattung gesorgt hatte, wurde, als er später eine Schiffsreise unternehmen wollte, von dem dankbaren Toten im Traume gewarnt: Wenn er führe, würde er durch Schiffbruch umkommen. Er fuhr nicht und alle die fuhren kamen um.“[3]
Aus der modernen Geschichte stammen folgende Beispiele: US-Präsident Abraham Lincoln hatte kurz vor dem Attentat auf ihn von seiner Ermordung geträumt und ein französischer Politiker hatte in der Nacht vor der Ermordung des Erzherzogs Franz Ferdinand das für Europa so verhängnisvolle Attentat im Traum vorhergesehen.

Berühmte Träume

Der biblische Traum des Joseph

Im Alten Testament ist die Geschichte von Joseph überliefert, der von seiner Familie verstoßen wurde, nach seiner Odyssee in Ägypten landete und unter falscher Anschuldigung ins Gefängnis kam. Dort machte er sich einen Namen als „Traumdeuter“ und lernte den späteren Mundschenk des Pharao kennen.
Einige Zeit darauf hatte der Pharao einen Traum, der ihn sehr beschäftigte und beunruhigte, aber völlig rätselhaft war. Daraufhin ließ er alle Wahrsager und Weisen Ägyptens rufen. Ihnen erzählte der Pharao seinen Traum, doch keiner war da, der ihn hätte deuten können. Da erinnerte sich sein Mundschenk an Joseph, der ihm mit einer früheren Traumdeutung das Leben gerettet hatte, und so wurde Joseph dem Pharao vorgeführt.

Der Traum des Pharao: *In meinem Traum stand ich am Nilufer. Aus dem Nil stiegen sieben wohlgenährte stattliche Kühe und weideten im Riedgras. Nach ihnen stiegen sieben andere Kühe herauf, elend, sehr hässlich und mager. Nie habe ich in ganz Ägypten so hässliche Kühe gesehen. Die mageren und hässlichen Kühe fraßen die sieben ersten fetten Tiere auf. Dann wachte ich auf. Weiter sah ich in meinem Traum: Auf einem einzigen Halm gingen sieben volle, schöne Ähren auf. Nach ihnen wuchsen sieben taube, kümmerliche, vom Ostwind ausgedörrte Ähren. Die kümmerlichen Ähren verschlangen die sieben schönen Ähren.*

Nachdem der Pharao erklärt hatte, dass er diesen Traum den Wahrsagern bereits erzählt hatte, aber keiner ihn deuten konnte, befragte er Joseph. Dieser deutete dann mit Gottes Hilfe: *Die sieben schönen Kühe sind sieben Jahre, und die sieben schönen Ähren sind sieben Jahre. Es ist ein und derselbe Traum. Die sieben mageren und hässlichen Kühe, die später dazu kamen, sind sieben Jahre, und die sieben leeren, vom Ostwind ausgedörrten Ähren sind sieben Jahre. Das ist es, was ich meinte, als ich zum Pharao sagte: Gott ließ den Pharao sehen, was er vorhatte. Sieben Jahre kommen, da wird großer Überfluss in ganz Ägypten sein. Nach ihnen aber werden sieben Jahre Hungersnot heraufziehen: Da wird der ganze Überfluss in Ägypten vergessen sein, und Hunger wird das Land auszehren. Dann wird man nichts mehr vom Überfluss im Land merken wegen des Hungers, der danach kommt; denn er wird sehr drückend sein. Dass aber der Pharao gleich zweimal träumte, bedeutet: Die Sache steht bei Gott fest, und Gott wird sie bald ausführen. Nun sehe sich der Pharao nach einem klugen, weisen Mann um und setze ihn über Ägypten. Der Pharao möge handeln: Er bestelle Bevollmächtigte über das Land und besteuere Ägypten mit einem Fünftel in den sieben Jahren des Überflusses. Die Bevollmächtigten sollen alles Brotgetreide der kommenden guten Jahre sammeln und auf Weisung des Pharao Korn aufspeichern; das Brotgetreide sollen sie in den Städten sicherstellen. Es soll dem Land als Rücklage dienen für die sieben Jahre der Hungersnot, die über Ägypten kommen werden. Dann wird das Land nicht an Hunger zugrunde gehen.*

Josephs Deutung bewahrheitete sich: Weil die Ägypter aber gewarnt waren und auf Josephs Rat in den reichen Jahren genügend Vorräte angelegt hatten, überlebten sie die mageren Zeiten.

Der Todestraum des Abraham Lincoln

Der 16. Präsident der USA wollte Mitte des 19. Jahrhunderts um jeden Preis die Sklaverei abschaffen. Er führte den Norden in den Befreiungskrieg gegen die Sklavenstaaten des Südens und hatte kurz vor der siegreichen Kapitulation einen Alptraum: Er erlebte seine eigene Beerdigung. Ein Soldat, den er im Traum fragte, wer gestorben sei, antwortete: „Der Präsident, von einem Attentäter ermordet."

Lincoln erzählte den Traum seiner Frau und seinem Leibwächter – nichts geschah. Zwei Tage später ging der Präsident ins Theater und wurde in seiner Loge von einem fanatischen Südstaatler erschossen.

Der Ringtraum des Friedrich Kekulé

Der Chemiker Friedrich Kekulé forschte Mitte des 19. Jahrhunderts schon seit einiger Zeit an der Molekülstruktur von Benzol. Vieles war bekannt, die Anordnung der sechs Kohlenstoff- und

Wasserstoffatome allerdings ein völliges Rätsel. Eines Abends schlief Kekulé vor dem Kamin ein und hatte bald einen Traum, aus dem er völlig elektrisiert aufwachte: Er hatte von tanzenden Atomen geträumt, die wie Insekten umherschwirrten. Plötzlich ordneten sie sich in der Gestalt einer sich selbst in den Schwanz beißenden Schlange – des Uroborus.

Kekulé hatte die Lösung im Wortsinne geträumt: Das Benzolmolekül ist ringförmig strukturiert! Ein bahnbrechender, revolutionärer Durchbruch in der naturwissenschaftlichen Forschung.

Antiker Tempelschlaf: Heilende Träume

Die heilende Wirkung des Traums spielte vor allem in Ägypten und Griechenland eine wichtige medizinische und therapeutische Rolle. Bei den Ägyptern deuteten die Ärzte in den „Serapien" – ein dem ägyptischen Gott des Schlafes, Serapis, gewidmeter Tempel – entsprechende Träume ihrer Patienten. Dabei versuchten sie eine Traumlehre zu entwickeln, die wahre von falschen (Heil-)Träumen unterschied. Bemerkenswerterweise entdeckten die Ägypter einen sehr modern erscheinenden Traumprozess: die von Freud so genannte Verkehrung ins Gegenteil. Träumte beispielsweise ein Kranker vom Sterben, verstanden die ägyptischen Heiler dies meist nicht als Hinweis auf den Tod, sondern im Gegenteil auf seine Gesundung.

In Griechenland wurde in vielen Asklepios-Tempeln, die dem griechischen Gott der Heilung geweiht waren und als „Kurzentren" dienten, der heilende Tempelschlaf kultiviert. Die Priester versetzten ihre Patienten auf dem Fell eines geopferten Tieres ritualisiert in einen Schlaf und deuten die Trauminhalte dann als Heilmittel. Die folgenden Ausführungen basieren auf den Studien der Historikerin Laura Hermes, die sich genauer damit beschäftigt hat, wie in den Asklepios-Tempeln mit Träumen geheilt wurde. Grundlage jeder Therapie an diesen heiligen Stätten: Die Patienten erhofften sich, von Asklepios im Traum Anweisungen zu erhalten, wie sie wieder gesund werden könnten, oder – noch besser – direkt von ihm während des Schlafes geheilt zu werden.

Zur Heilbehandlung in die Asklepios-Heiligtümer begaben sich nicht nur „Pilger" aus der nahen Umgebung, sondern, je etablierter und renommierter der Ort geworden war, auch aus der Region. Schließlich kamen sie auch von weiter her, tage- und sogar wochenlange Anmarschwege waren keine Seltenheit. Epidauros und Kos warten durchaus mit modernen Wallfahrtsorten vergleichbar.

Die Vorbereitung eines Heiltraums: Meist gab für eine solche „Pilgerreise" die Tatsache den Ausschlag, dass die „traditionelle" Medizin mit ihren Behandlungsmethoden am Ende war. Der Leidensdruck von Kranken, die ihre Heilung nur noch durch ein „Wunder" erhofften, dürfte die entscheidende Motivation dafür gewesen sein, die Strapazen der Reise auf sich zu nehmen und sicher oft genug die letzten Ersparnisse dafür aufzuwenden. Der Aufenthalt im Tempelbezirk war allerdings, abgesehen von den Kosten für Essen und Trinken, umsonst. Zulassungsgebühren,

Eintrittsgelder und dergleichen kannte man nicht: Der Zutritt zu den Asklepios-Heiligtümern stand jedermann offen. Es gab keine sozialen Barrieren, keine alters- oder geschlechtsspezifischen Beschränkungen. Junge und Alte, Arme und Reiche waren dort gleichermaßen willkommen. Asklepios praktizierte keine Klassenmedizin.

Wer das Heiligtum betreten hatte, brauchte sich auf das Traumerlebnis nur mit einem Bad und durch ein Opfer vorzubereiten. Besonders feierliche Rituale, eine spezielle asketische Lebensweise wie Fasten, sexuelle Enthaltsamkeit oder andere aufwändige Einstimmungen waren an den meisten Kultorten nicht üblich. Viel entscheidender war ein reines Denken, um in Kontakt mit der Gottheit zu treten: die mentale Vorbereitung und der feste Glaube an ihren Erfolg. Die Pilger schlenderten aufmerksam durch das Heiligtum, sahen sich alles genau an, orientierten sich – und ließen sich von der Pracht der Kultstätte ebenso beeindrucken wie von den vielen Weihgeschenken und Votiv-Gaben, die die erfolgreiche Behandlung anderer Patienten vor ihnen sinnfällig bezeugten. Dadurch auf das Kommende eingestimmt gingen sie abends durch den Tempelbezirk in das so genannte Abaton, den geweihten Raum, und bereiteten sich unter Anleitung auf den Heilschlaf vor. Die Kranken schliefen ein oder versanken in einen tranceähnlichen Zustand zwischen Schlafen und Wachen. Und dann geschah es in vielen Fällen: Asklepios erschien ihnen – genauer gesagt: den einzelnen Menschen –, nicht selten in Begleitung seiner heiligen Tiere, der Schlange oder des Hundes. Aus den Berichten, die die Patienten nachher von ihren Traumerlebnissen gaben, wissen wir, dass Asklepios sich ihnen in aller Regel so zeigte, wie sie ihn als Statue gesehen hatten: ein bärtiger, milder Mann in mittleren Jahren. Er sprach mit angenehmer, ruhiger Stimme und sein Lachen zeigte bisweilen seinen Sinn für Humor – im Ganzen alles andere als eine furchterregende, spukhafte Erscheinung, eher der Typ des bedächtigen, freundlichen Arztes, von dem man sich gern behandeln lässt.

Dabei war die Zahl der spontanen Heilungen erstaunlich groß: Viele Patienten verließen das Abaton nach dem Heiltraum am Morgen völlig schmerz- und beschwerdefrei. Selbst Operationen führte Asklepios in der Nacht durch – nicht selten waren sie so riskant, dass sich die normalen Ärzte nicht daran gewagt hätten. Anderen gab er eine Arznei oder bestrich die kranken Körperteile mit einer schnell wirkenden Heiltinktur. Bei wieder anderen traten die Schlange oder der Hund des Gottes in Erscheinung. Sie beleckten die befallene Stelle des Körpers, und unmittelbar darauf war die Krankheit oder Anomalie verschwunden.

Andere Patienten träumten, Asklepios verordne ihnen bestimmte Medikamente, die sie sich am nächsten Tage besorgen sollten, oder er empfahl ihnen Heilkuren wie etwa eine Bädertherapie. Dabei waren die Träume in den meisten Fällen gänzlich unverschlüsselt und ganz klar zu verstehen. Die wenigen gewerbsmäßigen Traumdeuter, die am Rande der Asklepios-Heiligtümer ihre Dienste anboten, bekamen nicht viel Arbeit. Der Gott bevorzugte offenbar Klartext.

Frühe Erkenntnisse über die Funktion der Träume

Von dem berühmten griechischen Arzt Hippokrates weiß man, dass er schon im vierten vorchristlichen Jahrhundert versuchte, den Schlaf und seine Träume diagnostisch zu nutzen: In seiner Traumlehre signalisierten beispielsweise Träume von Bächen oder Flüssen mögliche Blasen- oder Harnwegserkrankungen.

Dem Tempelschlaf gab auch der römische Mediziner Galen im zweiten nachchristlichen Jahrhundert „schlaftherapeutische" Grundlagen. Er forderte seine Patienten auf, von etwas Bestimmtem zu träumen, und arbeitete zusätzlich mit traumgestaltenden Suggestionen vor dem Schlaf – eine Technik, die in der modernen, wissenschaftlichen Hypnotherapie von Milton Erickson als „Ideen säen" sehr erfolgreich praktiziert wird.

Vor allem bei den Griechen fällt ein sich mit der Zeit entwickelndes „rationaleres" und relativ modernes Traumverständnis auf, das sich bewusst gegen den Traummythos als „Stimme der Götter" und ihre vermeintlich jenseitige Kraft richtet: Der Traum hat natürliche, gewissermaßen „psychologische" Grundlagen. So betont Heraklit den Einfluss des Gedächtnisses bei der Traumentstehung und versteht Träume als gewöhnliche Erscheinungen des schlafenden Geistes, während Demokrit die alltägliche Wahrnehmung als Traummotor begreift. Besonders modern erscheint allerdings Platon, der unter anderem hervorhebt, dass sich im Traum gewisse, im Alltagsleben unterdrückte Triebe realisieren: „Der Tugendhafte begnügt sich, von dem zu träumen, was der Böse im Leben tut." Die Erkenntnis Platons, dass wir mitunter im Traum manches tun, was wir in der Wirklichkeit aus moralischen Gründen unterlassen würden, sollte sehr viel später in der Traumlehre Sigmund Freuds eine zentrale Rolle spielen. „Im Schlaf ruht der eine Teil der Seele, der vernünftige, gemäßigte Herr des andern Teiles", lässt Platon Sokrates erzählen. „Dieser andere aber, der tierische, ungebändigte wird lebendig. Du weißt, er ist dann zu allem fähig; er schrickt nicht davor zurück, in Gedanken die eigene Mutter zu umarmen. Er begeht jeden Mord."

Dennoch blieb der Traum ein zutiefst beeindruckendes Phänomen, für den kulturübergreifend die wohl berühmteste Einsicht der „Traumgeschichte" gültig blieb: „Ein nicht gedeuteter Traum", so der Gelehrte Hista im Talmud, „ist wie ein ungelesener Brief."

Eine Weisheit, an der sich offensichtlich auch Mohammed orientierte: Er soll nicht nur einen Großteil des Korans „geträumt" haben, sondern ließ sich jeden Morgen von seinen Schülern ihre Träume erzählen, die dann gemeinsam gedeutet wurden, woraufhin Mohammed über seine eigenen Träume berichtete. Zudem wird vermutet, dass sich Mohammed an der auch im arabischen Raum bekannten Traumlehre des Artemidor von Daldis orientierte: dem mächtigsten und umfassendsten Werk des Altertums über Träume.

Artemidors „Traumbuch": die Kunst der antiken Traumdeutung

Der griechische Gelehrte Artemidor von Daldis schrieb seine fünfbändige (!) Traumlehre im zweiten Jahrhundert nach Christus auf der Grundlage von 3.000 Träumen: Dieses ursprünglich seinem Sohn ausschließlich privat gewidmete „Traumbuch" – im Original *Oneirokritika* – fasste das gesamte theoretische und praktische Traumwissen der Antike zusammen und wurde über viele Jahrhunderte das Standardwerk, das selbst Sigmund Freud ausdrücklich als „Vorläufer" der wissenschaftlichen Traumdeutung würdigte.

Tatsächlich sind seine Traumdeutungen vor dem Hintergrund der späten griechischen Traumauffassung relativ modern und „rational". Artemidor unterscheidet im Wesentlichen zwischen dem *gewöhnlichen* Traum und dem so genannten *Traumgesicht.* Während der gewöhnliche Traum auf gegenwärtigen Gefühlen, Wünschen, Ängsten und Körperzuständen basiert, ist das Traumgesicht zukunftsgerichtet und kann als eine „Vorschau" gedeutet werden.

Den gewöhnlichen Traum begriff er als „Fortsetzung von Tagesaktivitäten" – heute sprechen Traumforscher von der traumprägenden Kraft der so genannten Tagesreste – und räumte ihm keinen besonders großen Stellenwert ein: „So träumt zum Beispiel der von Angst Geplagte vom Gegenstand seiner Angst, der Hungrige wieder vom Essen, der Durstige vom Trinken und einer, der sich den Magen überladen hat, vom Erbrechen oder Ersticken. Daraus kann man erkennen, dass Träume, deren Grundlage Affekte bilden, nichts über die Zukunft aussagen, sondern an Zustände der Gegenwart erinnern."[4]

Diese Träume offenbaren ihre Bedeutung gewissermaßen direkt und unmittelbar, dagegen sind die Traumgesichte „allegorisch", sie bedürfen einer ihre „Zeichen deutenden Aufklärung von außen".

Das Traumgesicht versteht Artemidor als eine Bewegung oder ein vielgestaltiges Bilden der Seele, das das bevorstehende Gute oder Böse anzeigt. Die Seele prophezeit alles, „was sich im Lauf der Zeit über kurz oder lang ereignen wird, durch eigene natürliche Bilder, (...) weil sie glaubt, wir vermöchten in der Zwischenzeit mit Hilfe vernünftigen Denkens die Zukunft erkennen. Aber wenn Geschehnisse keinen Aufschub leiden, weil die Seite, wer immer sie ist, die uns zum Nachdenken über sie anleitet, keine Verzögerung zulässt, dann zeigt uns die Seele die Dinge unmittelbar so, wie sie wirklich sind…“[5]

Bei der Deutung muss man allerdings vorsichtig sein: Artemidor warnt, dass dazu ein gründliches Studium notwendig sei und es keine universellen oder überzeitlich gültigen Regeln oder Prinzipien gebe – Träume sind nicht nach einem feststehenden Schlüssel codiert. Zwischen erinnertem Traum und gedeutetem Sinn gibt es für ihn keine festen Verbindungen: „Vieles kann durch vieles, weniges durch weniges, vieles durch weniges und weniges durch vieles dargestellt sein, ferner Günstiges durch Günstiges, Ungünstiges durch Ungünstiges, Günstiges durch Ungünstiges und Ungünstiges durch Günstiges.“[6]

Artemidor stellt vielmehr den immer persönlichen Hintergrund des Träumers in den Vordergrund, seine Lebensgeschichte, seine Herkunft, seine Kultur, seinen Beruf, Alter und so weiter: Die Bedeutung eines jeden Traums erschließt sich erst aus der Kenntnis der Lebensverhältnisse des jeweiligen Träumers.

Bei der Deutung selbst steht neben der analogen und immer individuell differenzierten Deutung der „Symbole“ auch die Wortassoziation im Mittelpunkt: Artemidor nennt als Beispiel einer „sehr glücklichen Deutung“ folgende Überlieferung: Während Alexander der Große die syrische Stadt Tyros belagert, träumt er von einem tanzenden Satyr. In Alexanders Gefolge befindet sich der Seher Aristander, der den Traum des Königs deutet, indem er das Wort „Satyr“ in die Bestandteile „Sa“ und „Tyros“ zerlegt: Sa Tyros – Dein ist Tyros. Damit bewirkte er, dass der König die Belagerung mit aller Kraft anging und Herrscher der Stadt wurde. Diese Passage bezeichnete Freud im Übrigen als das „schönste Beispiel einer Traumdeutung, welche uns aus dem Altertum überliefert ist“.[7]

Der Respekt Freuds wird auch durch die Prämisse Artemidors genährt: „Man sollte denjenigen Träumen besondere Aufmerksamkeit schenken, für die man *keine* ersichtlichen auslösenden Faktoren findet.“ Damit tritt auch bei Artemidor die Unterscheidung zwischen manifestem (erzähltem) Trauminhalt und dessen erst durch Deutung zu gewinnenden latenten Gehalt scharf hervor, auf welche Freud in seiner Konzeption des Traums als den Königsweg zum Unbewussten so großen Wert legt.

Artemidors Ausführungen muten unter anderem deswegen so modern an, weil er schließlich auch auf die Vielfalt der Traumdeutung besonderen Wert legte: Wenn man nicht sicher ist, was ein Traum bedeutet, sollte man mindestens zwei Deutung finden.

Praktische Übung zum Umgang mit Träumen

Die folgende Übung basiert auf einer empirischen Studie des Traumforschers Glenn Koppel. Nehmen Sie sich nun ein paar Minuten Zeit, um etwas auszuprobieren: Versuchen Sie selbst, einen von Artemidor berichteten Traum zu deuten:
Sieben verschiedene Frauen träumen davon, dass sie einen Drachen gebären.
Artemidor gab diesem Traum sieben verschiedene Deutungen.
Fallen Ihnen auch sieben Deutungen für diesen Traum ein?
Versuchen Sie mindestens eine, besser noch zwei oder drei Deutungen zu finden. Bitte lesen Sie erst weiter, wenn Sie sich mindestens zwei Varianten überlegt haben.
Studenten, die sich mit dem erwähnten Traum beschäftigten, lieferten unter anderem folgende Deutungen:

- Die Frau hat Angst vor der Geburt.
- Die Frau hat Angst, das Kind könnte krank zur Welt kommen. – Die Frau fürchtet, dass das Kind ein Monster wird, wie in dem Horrorfilm „Rosemary's Baby" von Roman Polanski.
- Die Frau wurde vergewaltigt.
- Die Frau fürchtet, mit dem Kind nicht fertig zu werden.
- Die Frau fürchtet, das Kind könnte wie der Vater werden.
- Die Frau hasst den Vater.
- Das Kind ist jetzt schon im Mutterleib aktiv, es strampelt stark, was schmerzhaft für die Schwangere ist.
- Die Frau steht vor einer sehr schwierigen, unangenehmen Arbeit. Die Geburt ist nur symbolisch zu verstehen.

All diese Interpretationen sind in irgendeiner Form negativ. Warum? Weil sie von Studenten kommen? Nein, von ihnen kamen auch solche Deutungen:

- Die Frau freut sich über die bevorstehende Geburt.
- Es wird ein glückliches und gesundes Kind sein.

Wie kommen diese positiven Deutungen zustande? Studenten, die den Traum in dieser Weise auffassten, hatten fast immer irgendeinen Bezug zum Fernen Osten. Dort ist der Drache ein Symbol des Glücks: Der Traum konnte aus dieser Sicht nur positiv verstanden werden.

Letztlich gilt für die „Traumtheorien“ der Alten im Allgemeinen und für die Traumlehre Artemidors im Besonderen, dass sie im Großen und Ganzen viele Kernelemente der modernen Traumkonzepte vorwegnahmen. So sah Erich Fromm in der „neueren Traumdeutung im Wesentlichen eine Variation“ der Theorien der Antike. Verschaffen wir uns einen Überblick darüber, was die moderne Psychologie und Traumforschung über Schlafen und Träumen wissen.

Schlafen, Schlafen! Vielleicht auch träumen! Ja da liegt's.
(Hamlet)

Traumforschung: In der Dunkelkammer unseres Gehirns

Wie träumen wir? Und warum träumen wir? Diese beiden Fragen stehen im Mittelpunkt der physiologischen und empirischen Traumforschung.

Wie wir schlafen und träumen

Der Schlaf gilt heute als hoch differenzierte, regelmäßig Abfolge von bestimmten physiologischen Zuständen. Die Forschung unterscheidet neben dem Schlaftraum auch die so genannten Tagträume und die luziden Träume. Der Schlaftraum selbst wird unterteilt in den REM-Schlaf und den Non-REM-Schlaf. Wie die folgende Tabelle zeigt, beginnt der typische Schlaf eines jungen Erwachsenen mit der Einschlafphase (S1) nach kurzer Wachzeit. Dann geht er über den Normalschlaf (S2 – „leichter Schlaf“) in die Tiefschlafphasen (S3 – „mitteltiefer Schlaf“ und S4 – „tiefer Schlaf“) über, bevor nach ungefähr 50 bis 70 Minuten die erste REM-Phase auftritt. Danach beginnt der gesamte Zyklus S2 – S3 – S4 – REM-Phase von neuem. Während einer Nacht kommt es zu etwa vier bis fünf sich verlängernden REM-Phasen – die letzte REM-Traumschlaf-Phase kann 40 bis 50 Minuten dauern.
Ein Erwachsener durchlebt mit dem Einschlafen die Stadien S1 bis S4 in einem Zyklus von etwa 90 Minuten und taucht dann in eine etwa zehnminütige REM-Phase. Der gesamte Nachtschlaf besteht aus vier bis sechs solcher Zyklen, wobei die REM-Phasen kontinuierlich länger werden – wir träumen vor dem Aufwachen am meisten.
Ein Baby schläft 16 Stunden am Tag, die Hälfte davon im REM-Schlaf. Mit einem Jahr sinkt die Schlafdauer auf 13 Stunden mit etwa einem Drittel REM-Schlaf. Ein junger Erwachsener schläft sieben bis acht Stunden mit knapp einem Fünftel REM-Schlaf, ein älterer Mensch ungefähr sechs Stunden mit 15 Prozent REM-Schlaf.
Mit dem Elektroenzephalogramm (EEG, Apparat zur Messung der Gehirnströme) kann man exakt messen, wie sich die Gehirnaktivität während des Schlafes oder des Wachzustands ändert. Es zeigen sich im Wesentlichen zwei Schlafarten: der durch ein langsames und regelmäßiges EEG-Muster charakterisierte Delta- oder *Non-REM-Schlaf* und der *REM-Schlaf*, der wegen der hohen Gehirnaktivität auch „paradoxer Schlaf“ genannt wird. Das EEG zeichnet in den REM-Phasen ein unruhiges Muster auf, das dem im Wachzustand sehr

ähnlich ist, obwohl hier während eines sehr tiefen Schlafes gemessen wird. Der Name dieser Phase geht auf die charakteristischen, salvenähnlich und rasch auftretenden Augenbewegungen (REM = Rapid Eye Movements, schnelle Augenbewegungen) zurück, die während dieser Zeit auftreten.[8]

Charakteristische Schlafphasen beim gesunden Erwachsenen		
Stadium	EEG-Charakteristika	Anteil am Gesamtschlaf
Wach	Niedrige Frequenzen von α- (8–12 Hz) sowie β-Wellen (13–32 Hz)	< 5 Prozent
S1: Non-REM I „leichtester Schlaf“	Frequenzverlangsamung mit vorherrschenden Frequenzen von Theta-Wellen (3–7 Hz); langsam pendelnde Augenbewegungen bei abnehmendem Muskeltonus	5 Prozent
S2: Non-REM II „leichter Schlaf“	Charakterisiert durch das Auftreten niedrigfrequenter und langsamer Wellen (1–2 Hz) sowie sehr kurzen, sekundenlangen „Schlafspindeln“ (12-14 Hz); keine Augenbewegungen, wechselnder Muskeltonus	45–50 Prozent
S3: Non-REM III „mitteltiefer Schlaf“	20–50 Prozent langsame, niedrigfrequente Wellen (≤ 3 Hz); keine Augenbewegungen, verringerter Muskeltonus	5–10 Prozent
S4: Non-REM IV „Tiefschlaf“	Mehr als 50 Prozent langsame, niedrigfrequente Wellen (≤ 3 Hz); typischerweise ohne Augenbewegungen bei niedrigem Muskeltonus	10–15 Prozent
REM	Rasche Aktivität von α- (8–12 Hz) und θ-Wellen (13–32 Hz); salvenartig erscheinende horizontale Augenbewegungen, ruhige Skelettmuskulatur	20–25 Prozent

Die „schnellen Augenbewegungen“

Die zufällige Entdeckung des REM-Schlafes am Anfang der 1950er Jahre war ein Durchbruch für die moderne Schlaf- und Traumforschung: Bis dahin meinte man, das Gehirn gleiche nachts einem Haus, in dem alle Lichter ausgeschalten werden und erholsame Ruhe einkehre. Eugene Aserinsky, Psychologiestudent und Aushilfsassistent in einem Physiologielabor an der Universität von Chicago, interessierte sich für die Augenbewegungen während des Schlafes, weil er dieses Phänomen zufällig bei seinem kleinen Sohn entdeckt hatte. Mit einem alten, kaum noch gebrauchsfähigen EEG versuchte er, Augenbewegungen und Gehirnströme des kleinen Arnold während des Schlafens aufzuzeichnen – aber ständig gab das Gerät extreme Ausschläge wieder, die die ruhigen und gleichmäßigen Gehirnwellen des schlafenden Kindes unterbrachen. Dies erschien absurd, signalisierten die Ausschläge doch, dass das Gehirn auch im Schlaf mitunter so aktiv ist wie im Wachzustand. Das aber war offensichtlich völlig sinnlos und Aserinsky vermutete einen Defekt an der alten Maschine. Nach vergeblichen Konsultationen mit dem EEG-Hersteller überlegte er, die Bewegungen der beiden Augen jeweils einzeln aufzuzeichnen. Da sie sich immer gleichzeitig in die gleiche Richtung bewegten, würden die EEG-Ausschläge zeigen, ob die Aufzeichnung der starken Aktivitäten auf einen mechanischen Fehler zurückzuführen seien – oder aber auf eine bis dahin unbekannte Gehirnaktivität. Diese Idee war der Durchbruch zur Entdeckung der Rapid-Eye-Movements – der „schnellen Augenbewegungen". Aserinsky war sich der Bedeutung und Tragweite seines Privatexperiments zunächst gar nicht bewusst – er wollte nur zeigen, dass diese Augenbewegungen jede Nacht in einem regelmäßigen Rhythmus auftreten. Nach Untersuchungen an seinem Sohn und mehreren freiwilligen Versuchspersonen konnte er dann schließlich sogar nachweisen, dass diese REM-Phasen von Träumen begleitet wurden – er weckte die Schlafenden einfach auf und fragte sie, ob sie geträumt hätten.

Diese Ergebnisse weckten schließlich auch die Neugier von Aserinskys Vorgesetztem Professor Nathaniel Kleitman. Kleitman, ein Verfechter der Theorie, dass sich das Gehirn während des Schlafens erhole, brachte nun seine eigene Tochter ins Labor – und auch sie berichtete von intensiven Träumen, wenn man sie während der REM-Schlafphasen aufweckte.

Aserinsky und Kleitman berichteten 1953 in der renommierten Zeitschrift *Science* über ihre Forschung, eine spektakuläre Publikation: Die „schnellen Augenbewegungen" stießen schlagartig auf das Interesse der Forscher und der Zusammenhang zwischen den schnellen Augenbewegungen im Schlaf – das neu entdeckte Schlafstadium wurde nun offiziell REM-Schlaf genannt – sowie dem Träumen wurde in der Folge durch tausende Forschungsarbeiten bestätigt.

Demnach wird der nächtliche Schlaf regelmäßigen durch Phasen auffälliger physiologischer Aktivität unterbrochen, die sich durch die folgenden wesentlichen Aspekte charakterisieren lassen:

- Die Augen bewegen sich unter den Lidern rasch hin und her.
- Im EEG zeigen sich dem Wachzustand ähnliche „schnelle Wellen" mit hoher Frequenz und geringer Amplitude.
- Die Körpermuskulatur ist weitgehend gelähmt.
- Bei Männern kommt es zu einer Erektion – wie sich später zeigte, wird auch das weibliche Genital aktiviert.

Gleichzeitig stellte sich heraus, dass Versuchspersonen sehr häufig – zu etwa 80 bis 90 Prozent – in dieser Phase „heftig" träumten, wenn man sie weckte. Die Forscher William Dement und Nathaniel

Kleitman formulierten daher 1957 die fundamentale These der Traumforschung, dass wir nur während der REM-Phasen träumen:

„REM-Schlaf gleich Traumschlaf" lautete nun die Formel. Genauer: Träume gibt es nur im REM-Schlaf, der Non-REM-Schlaf ist traumlos.

Dass wir ein Drittel unseres Lebens „verschlafen", erscheint uns völlig selbstverständlich. Tatsächlich benötigt der Körper aber sehr viel weniger Schlaf, um sich wieder zu regenerieren. Die Frage, wieso wir trotzdem mehr Stunden schlafend verbringen, ist bis heute unbeantwortet. Da der Organismus verhinderten REM-Schlaf mit länger dauerndem REM-Schlaf in den nächsten Schlafphasen oder während des nächsten Schlafes nachholt – die Forscher sprechen von einem „REM-Rebound", wird sogar vermutete, dass wir nur wegen dieser REM-Phasen schlafen.

Nach der Entdeckung der REM-Phasen orientierte sich die Traumforschung fast absolut (neuro-)physiologisch, der Traum wurde kaum noch psychologisch verstanden, sondern als eine Art neurochemischer Schaum begriffen. Eine Perspektive, die gegen Ende der 1970er Jahre ihren Höhepunkt erreichte: Nach der von den Harvard-Physiologen Robert McCarley und Allan Hobson in diesen Jahren begründeten und von einem der DNS-Entdecker, Francis Crick, weiterentwickelten „Aktivations-Synthese-Theorie" werden Träume durch spontane Hirnaktivierungen während des REM-Schlafes ausgelöst, die wie bei einem nächtlichen Hausputz das Gehirn von den Spuren der Tagesaktivitäten reinigen. Dabei entstehen vollkommen zufällige, absurde oder bizarre Bilder, die erst nachträglich vom Großhirn als irgendwie sinnvoll interpretiert werden. Eine psychologische, symbolhafte oder sonst wie „tiefere" Bedeutung wird dem Träumen dabei bewusst abgesprochen. „Wir träumen, um zu vergessen", lautet ihre berühmte These über den Traum.

„Träume sind Schäume" – die wissenschaftliche Sicht

Im Wesentlichen kann man die Grundlagen des streng physiologisch orientierten Aktivations-Synthese-Modells der Träume folgendermaßen zusammenfassen:

Der REM-Schlafzustand ist das physiologische Korrelat dessen, was man subjektiv als Träumen erlebt. REM-Schlaf und Träumen beruhen auf denselben Gehirnprozessen.

REM-Schlafphasen und das damit verbundene Träumen wird von einer bestimmten Neuronenformation im Gehirn (Pons) ausgelöst: Durch Acetylcholin ("cholinerge Aktivierung") werden höhere Regionen des Gehirns aktiviert und zur Erzeugung von Bildern angeregt. Diese Bilder sind ein Versuch der kortikalen Regionen, aus dem vom Hirnstamm geschickten „Rauschen" etwas Sinnvolles zu machen.

Nach einigen Minuten der REM-Aktivität wird die cholinerge Aktivierung [[körpereigene Zugabe von Acetylcholin statt cholinerge Aktivierung?]] durch Ausschüttung von Noradrenalin und Serotonin (ebenfalls durch Neuronenformationen der Pons) herunterreguliert. Diese dem Acetylcholin entgegenwirkenden Transmitter bewirken eine Ausschaltung des bewussten Traumerlebens.

Die seit Entdeckung der „schnellen Augenbewegungen" als Lehrmeinung geltende Ansicht, Träumen bedeute das Gleiche wie REM-Schlaf, wurde in den letzten Jahren allerdings nachhaltig widerlegt. Zweifel gab es zwar schon länger, aber erst die bahnbrechende Forschung des britischen Neuropsychologen Mark Solms während der letzten Jahre entkräftete diese These nachhaltig:

Das „Hausputzmodell" zur Traumerklärung wurde endgültig als fauler Zauber enttarnt – eine streng neurophysiologische Begründung des Traumgeschehens ist absurd.

Der Traum als physisches Phänomen

Solms untersuchte über Jahre hinweg fast 400 neurologisch und neurochirurgisch behandelte Patienten daraufhin, ob und wie sich deren jeweilige Gehirnschäden auf die Träume auswirkten. Die wichtigsten Befunde:

1. Es gibt kein einzelnes Traumzentrum, wie es von Neurophysiologen für den REM-Schlaf im Hirnstamm angesiedelt wurde: Beim Träumen müssen immer *mehrere* Hirnbereiche zusammenwirken, die einzeln genommen auch andere Funktionen erfüllen.
2. Träumen ist nicht auf den REM-Schlaf beschränkt – im Gegenteil: Menschen träumen selbst dann noch, wenn es wegen Funktionsausfällen im Hirnstamm keinerlei REM-Schlafphasen mehr gibt. Die Frage, ob Menschen auch ohne REM-Schlaf träumen, wurde in der Forschung vorher nicht gestellt – zu selbstverständlich war die Gleichsetzung REM gleich Traumschlaf.

Eine Analyse der von Traumstörungen betroffenen Prozesse zeigt, welche komplexen psychischen Funktionen der Traum erfüllt:

- Eine Schädigung bestimmter Bereiche des mittleren Frontallappens in beiden Hirnhälften führt zu einem sofortigen Traumausfall. Diese Patienten leiden gleichzeitig an einer stark gestörten Affektregulierung und Impulskontrolle: Sie sind unkonzentriert, fahrig, ablenkbar, aggressiv und „soziopathisch“. Träumen setzt also voraus, dass höhere Regulations-mechanismen der Psyche beteiligt sind.
- Auch durch eine Schädigung des Wahrnehmungssystems des unteren Frontallappens wird ein sofortiges Ausbleiben der Träume hervorgerufen. Im Wachleben zeigen sich folgende
  Ausfälle: Die Patienten entwickeln eine gestörte räumliche Psychomotorik, sie können nicht mehr zeichnen und keine Knöpfe schließen. Außerdem sind sie sich bestimmter Körper-bereiche nicht mehr bewusst. Vor allem aber verlieren sie alle Fähigkeiten, die mit Symbolen zu tun haben: Sie wissen nicht nur nicht mehr, was Osten und Westen, Süden und Norden bedeutet, sondern sie verlieren auch ihre Sprache. Solms interpretiert diesen Befund seiner Forschung als den wichtigsten, da er zeige, welch fundamentale Bedeutung [[]] dem "symbolischen Faktor" und der Fähigkeit, Symbole zu verstehen, für den gesamten Traumprozess zukomme.
- Kommt es zu einzelnen Ausfällen der mittleren Region im hinteren Hirnlappen, dann träumen die Menschen zwar weiterhin, aber mit einer ganz bestimmten Einschränkung: ihre Träume sind nun bildlos. Sie träumen nach eigener Einschätzung in „Wörtern“ oder „Gedanken“, während akustische, geschmackliche oder tastende Eindrücke erhalten bleiben. Da diese Patienten unter elementaren „inneren“ Vorstellungsstörungen leiden, wird deutlich, wie wichtig die Imagination für das Wachen und Träumen ist.

Mit diesen und einer Reihe weiterer Befunde bleibt von den Grundlagen des neurophysiologischen Traummodells nichts mehr übrig: Der „Traummotor“ ist nicht rein physiologischer Natur – und wir träumen auch nicht, um zu vergessen. Im Gegenteil: Träumen ist wie Denken oder Fühlen, ein hochkomplexes psychisches Phänomen, das lebenswichtige Funktionen erfüllt. Wie sich zeigen wird, träumen wir gerade auch deswegen, um nicht zu vergessen. Tatsächlich ist der REM-Schlaf nicht gleich Traumschlaf – obwohl es vielen Traumforschern schwer fiel, sich von dieser Grundlage zu verabschieden. Und auch in der Öffentlichkeit und den Medien ist die mittlerweile wiederlegte Lehrmeinung noch immer weit verbreitet.

Träume während des Non-REM-Schlafes

Schon in den 1960er Jahren zeigte sich, dass Testpersonen im Schlaflabor auch dann über Träume berichteten, wenn sie nicht aus dem REM-Schlaf, sondern aus dem Non-REM-Schlaf geweckt wurden, also während der vermeintlich traumfreien „Tiefschlaf"-Phasen. Kurioserweise stieg die im Labor registrierte Häufigkeit solcher „kognitiven Aktivitäten" im Non-REM-Schlaf von Jahrzehnt zu Jahrzehnt: Während die Wissenschaftler in den 1950er Jahren nur nach jedem fünften Non-REM-Erwachen eine Gedankenspur bei ihren Testschläfern erkannt haben, registrierten sie in den 1990er Jahren bereits bei mehr als jedem zweiten Wecken eine Bewusstseinstätigkeit im Tiefschlaf. Offenbar hatten die Forscher, von der REM-Theorie geblendet, anfangs nicht sorgfältig genug auf Erlebensspuren im Non-REM-Schlaf geachtet.
Manche Forscher wollten die so teuer gewordene REM-Theorie dennoch nicht aufgeben. Kognitive Non-REM-Aktivitäten wurden zwar akzeptiert, aber streng vom echten REM-Traum unterschieden.
Gemäß der so genannten Zwei-Generatoren-Theorie sind RE und Non-REM zwei ganz unterschiedliche Schlafzustände, denen psychologisch ein bestimmtes Traumerlebnis entspreche: Echte REM-Träume seien länger, (gefühls-)intensiver und bildhafter als die letztlich nur traumähnlichen Bilder des Non-REM-Schlafes. Doch auch das stimmt nicht: Heute ist bekannt, dass Non-REM-Träume in drei von vier Fällen genauso intensiv sind wie REM-Träume. Während man die unterschiedlichen Schlafphasen weiter differenziert, sind die tatsächlichen physiologischen Hintergründe unserer Träume noch immer umstritten. Tatsache ist jedenfalls: Die meiste Zeit unseres Schlafes träumen wir – ob REM- oder Non-REM-Träume. REM-Schlaf und Träumen scheinen also zwei voneinander unabhängige Prozesse zu sein. Heute gehen viele Forscher sogar davon aus, dass wir vom Anfang bis zum Ende unseres Schlafes träumen.

Die Traumtypen

Die Schlafforscher unterscheiden neben dem REM-Schlaf und Traum folgende Typen von Träumen:
Einschlafträume: psychische Aktivität während S 1.
Albträume: REM-Träume mit sehr unangenehmem Affekt, der zum Aufwachen zwingt; meist gute Erinnerung der Trauminhalte und mäßige körperliche Angstreaktionen. Alpträume können medikamentös nicht behandelt werden (siehe Seite 20).
Pavor nocturnus: nächtliches Aufschrecken mit Angst und starker physiologischer Reaktion; eventuelles Auftreten von Non-REM-Träumen; beim Erwachen meist kaum Erinnerungen an Trauminhalte. Da Beruhigungsmittel die Tiefschlafphasen 3 und 4 unterdrücken, kann auch die

„Nachtangst“ unterbunden werden.
Posttraumatische Wiederholungsträume: REM- oder Non-REM-Träume als realistische Wiederholung eines Traumas.
Luzide Träume: REM-Träume, die mit dem Bewusstsein verbunden sind, dass man einen Traum träumt (siehe Seite 110).
Traumforscher weisen darauf hin, dass es weitere Formen von „Träumen“ in anderen Bewusstseinszuständen gibt – beispielsweise *Träume unter Narkose* und *Tagträume*, worunter Träume im entspannten Wachzustand zu verstehen sind; Tagträume können zwar ähnliche Qualitäten aufweisen wie REM-Träume, werden aber meist als nicht so „real“ erlebt und sind stärker durch den Willen kontrollierbar.

Funktion der Tagträume

Interessanterweise scheinen nach neuen Forschungen auch die Tagträume eine (über-)lebens-wichtige Funktion zu haben: Sie sind entgegen aller Vorurteile meist keine „schwärmerische“ Flucht aus der harten Wirklichkeit, sondern können wie das Träumen im Schlaf Lösungen für Probleme liefern.
So betont der Tagtraumforscher Thomas Langens: „Der Tagtraum erlaubt eine sinnvolle Auslastung der kognitiven Kapazität eines Menschen, auch wenn er im Moment nicht an der Verfolgung seiner Ziele arbeiten kann. Wir können auch dann, wenn wir alleine in einem vollen Bus sitzen, noch eine ganze Menge mit unserem Gehirn anfangen, zum Beispiel Lösungen für Probleme finden, die im Moment vielleicht noch gar nicht anstehen, später aber einmal relevant werden können.“[9] Für den Psychologen nehmen Tagträume die Ziele auf, die wir auch im Alltag anstreben: „Jedes Ziel ist eine potenzielle Quelle von Tagträumen.“[10]
Eine Sicht, die amerikanische Psychologen schon in den 1970er Jahren vertreten haben: Tagträume basieren auf aktuellen Problemen und in ihnen wird „probehandelnd“ eine Lösung gesucht. Entscheidende Funktion: Sie schaffen positive Emotionen und motivieren uns, zudem wirken Tagträume physiologisch nachweisbar entspannend. Psychologen gehen heute davon aus, dass Tagträumen ein wichtiger „Stress-Killer“ sein können und – ähnlich zeitfüllend wie der Traum im Schlaf – rund die Hälfte unserer kognitiven Alltagsaktivitäten aus Tagträumen besteht. Wie der Traum zeigt auch der Tagtraum einen bestimmten Rhythmus: Wie im Schlaftraum scheint es 90-minütige Phasen zu geben.

Bei der Frage nach den Wirkungen der Tagträume auf den realen Alltag spielen laut Langens vor allem zwei Aspekte eine Rolle:

- Hoch motivierte Tagträumer werden nicht optimistischer, aber sie erreichen ihre Ziele leichter, wenn sie sich deren Verwirklichung vorstellen. So kann ein sehr motivierter Sportler, der Erfolge im Tagtraum wiederholt, tatsächlich besser abschneiden.
- Schwach motivierte Menschen verringern durch positive Tagträume ihren Pessimismus, allerdings sind sie bei der realen Zielerreichung weniger erfolgreich: „Positive Tagträume können einen unrealistischen Optimismus hervorrufen“, so der Tagtraumforscher, „der dann eine gewisse Nachlässigkeit beim Verfolgen von Zielen in der Realität zur Folge haben kann.“

Die Erkenntnis des Psychologen: Ob Tagträumen hilft oder schadet, hängt primär von der Persönlichkeit des Träumers ab. So werden Menschen mit einer starken Furcht vor Misserfolg von Tagträumen eher behindert: Da sie immer befürchten, ihre Ziele doch nicht erreichen zu können, verstärken positive Tagträume die Wahrnehmung, welche Ziele außerhalb ihrer Möglichkeiten liegen.
Erfolge im Tagtraum fördern daher nur ihre negativen Gefühle und Stimmungen. Langens bilanziert, dass Menschen mit großer Angst vor Misserfolgen durch positive Tagträume eher pessimistischer und gleichgültiger gegenüber der eigenen Zukunft werden.[11]

Traumbiologie: Warum wir träumen Warum träumen wir?

Die moderne Schlaf- und Traumforschung kann auch nach Jahrzehnten der Forschung diese vermeintlich einfache Frage nicht endgültig beantworten – allerdings gibt es einige wichtige Teilantworten.
Die so genannte Reinigungsthese – Träume sind der Versuch eines nächtlichen „Hausputzes", der „Tagesmüll" wird entsorgt, die zufälligen Entladungen der Neuronen des Gehirns danach als mehr oder weniger sinnvolle Bilder interpretiert – ist zwar mittlerweile entkräftet. Insgesamt gilt Träumen aber dennoch als ein lebenswichtiger Bestandteil des Schlafes, der neurophysiologisch folgende Funktionen erfüllt:

- „Eigenstimulation" des Gehirns: Träumen ersetzt die während des Schlafes weitgehend fehlenden Umgebungsreize; während der frühen Kindheit sorgt der Traum dafür, dass funktionale Strukturen im Gehirn etabliert werden – vor allem die Verbindungen zwischen Nerven und Augenmuskeln und mit motorischen Fähigkeiten verknüpfte Gehirnstrukturen.
- Plastizität des Gehirns: Träumen aktiviert Gehirnzellen in einer neuen, im Alltagsleben ungewohnten Kombination und Reihenfolge. Dies fördert die notwendige Flexibilität unseres Denkens und Handelns.
- Lernen und Gedächtnis: Erfahrungen, Lernstrukturen und -inhalte werden beim Träumen „gebahnt" und vertieft, auch nach Jahren können wir uns an Wichtiges erinnern und verfügen bei Problemen über Wissen und Verhaltensstrategien.
- Gefühl: Träume regulieren unsere Stimmungen und Emotionen.

Träume als Überlebenstraining

Wichtig ist vor allem das *evolutionäre* Verständnis von Träumen:
Evolutionstheoretiker gehen übergeordnet davon aus, dass der Traum die Überlebensfähigkeit erhöht und seine wichtigste Funktion darin besteht, für das Überleben bedeutsame Probleme zu lösen. In der archaischen Welt war das menschliche Leben kurz und voller Gefahren. Träume simulierten daher bedrohliche Szenarien wieder und wieder, um es dem Menschen zu ermöglichen, diese besser zu bewältigen. In anderen Worten: Der Schlaftraum diente von Anfang an der Gefahrenwahrnehmung, -vermeidung und -lösung. Dieses Erbe ist uns bis heute geblieben, da wir praktisch immer von Problemen träumen. Auf dieses Thema werden wird noch näher eingehen.

Stammesgeschichtlich hat dies viel mit Bewegung zu tun: „Träumen", so der Traum- und Hirnforscher Detlef Linke, „ist eine exzessiv motorische Tätigkeit: Man fliegt, schwimmt, schwebt, fällt oder hat das unangenehme Empfinden, sich nicht richtig bewegen zu können."[12] Im Traum werden wir auch in ursprüngliche evolutionäre Phasen zurückversetzt, weil der Traum die Aufgabe zu erfüllen hat, unsere motorischen und kognitiven Fähigkeiten für das Überleben zu trainieren.

Träume bei Tieren

Für die evolutionäre Deutung spricht zudem, dass auch die meisten Vögel und alle Säugetiere träumen. Schlafuntersuchungen bei Tieren haben gezeigt, dass der paradoxe Schlaf offenbar vor etwa 180 Millionen Jahren erstmals auftrat – so interpretiert man die Entdeckung des REM-Schlafes beim Opossum, das als „lebendes Fossil" aus frühgeschichtlicher Zeit angesehen wird. Die meisten Forscher, die den Schlaf von Tieren untersucht haben, stimmen darin überein, dass der „echte Schlaf" – eine Verhaltensänderung, die von charakteristischen Abweichungen der elektrischen Hirntätigkeit begleitet wird – erst nach der Ausbildung des Vorderhirns in der Evolution auftauchte und nur bei Warmblütern auftrat.
Aber träumen Tiere wirklich? Die Schlafforschung bei Tieren belegt nachdrücklich, dass Tiere traumgleiche oder zumindest traumähnliche Schlaferlebnisse haben. Um zu untersuchen, ob Affen während des paradoxen Schlafes ein traumartiges Erlebnis haben, dressierten Forscher einen Affen über Monate hinweg. Er sollte jedes Mal an einem Griff ziehen, wenn er Bilder in einem Film oder auf einer Leinwand sah. Danach zeichnete man seinen Schlaf auf – tatsächlich zog der Affe während des REM-Schlafes instinktiv am Griff, als würde er Bilder vor sich ablaufen sehen.
Noch beeindruckender verliefen die Katzenstudien des Schlafforschers Michel Jouvet in den 1960er Jahren – seitdem weiß man, dass Katzen einen ausgeprägten REM-Schlaf haben und wahre „Vielträumer" sind. Mithilfe eines präzisen chirurgischen Eingriffs trennte Jouvet zunächst die Nervenbahnen, die während des REM-Schlafes die motorischen Nervenzellen hemmen, die Katzen schliefen also, ohne dass die REM-typische Lähmung des Bewegungsapparats auftrat. Auch bei diesen Tieren studierte man das Schlafverhalten und zeichnete die Gehirnwellen auf. Resultat: Als die Katzen in den REM-Schlaf kamen, standen sie auf und begannen – ohne irgendeine Beziehung zur völlig ruhigen Käfigumgebung – mit einer groß angelegten „Verhaltensshow". Wie im Wachzustand handelte es sich um typische Handlungen des Angriffs, der Verteidigung oder Erkundung. Es schien, also ob das Tier unsichtbare Feinde in seinem Käfig angriff; die Katze machte einen Buckel, ihr Fell sträubte sich, und sie knurrte bedrohlich. Einige Sekunden später wich sie in Panik zurück, als spüre sie einen verborgenen Angreifer. In einigen Fällen erhob sich die Katze und begann, überall im Käfig zu schnuppern, so als ob sie ihn erstmals erkunden wollte. Dabei reagierte sie während des REM-Traums nicht, als man versuchte, sie mit Lichtblitzen abzulenken oder mit Futter zu locken. Sie zog ihr Verhaltensprogramm während des Träumens völlig mechanisch durch. Jouvets Studien wurden später wiederholt – mit denselben Beobachtungen und Ergebnissen. Worin aber liegt der Grund für die intensive Aktivität im bewegungszuständigen Gehirnareal während des REM-Traumschlafs? Der vom Traumverhalten seiner Katzen beeindruckte Jouvet vermutete als Erster, dass REM-Träume die mit dem instinktiven motorischen Verhalten verknüpften neuralen Netzwerke vertieft:

Nach Meinung Jouvets werden diese Netzwerke aufgrund ihrer überlebensnotwendigen Bedeutung in jeder Nacht gleichsam einem „Generalcheck“ unterzogen.
Viele Schlaf- und Traumforscher vertreten dieses evolutionäre Verständnis der überlebensnotwendigen Funktionen von Schlafen *und* Träumen. Allerdings beziehen sie sich beim Menschen nicht mehr ausschließlich auf den REM-Traum.

Zusammenfassung: Die Entwicklung des Schlafes

1. Anfänglich diente der Non-REM-Schlaf der physiologischen Pflege, Energieeinsparung und Temperaturregelung, der REM-Schlaf der kortikalen Regeneration.
2. Mit der Evolution komplexerer neuronaler Gehirnstrukturen diente der sich entwickelnde Non-REM-/ REM-Zyklus immer weniger der Energieeinsparung und Temperaturregulation des Organismus: Erhalt und Funktionsfähigkeit der komplexen neuronalen Netze erforderten andere Anpassungsleistungen. Die zunehmende Komplexität des Gehirns führte zu einer Überschneidung der „Aufgabenbereiche” von Non-REM- und REM-Schlaf, die eine spezifische funktionale Zuordnung – Non-REM-Schlaf traumlos, REM-Schlaf gleich Traumschlaf – erschweren.
3. Daher sind offensichtlich REM- wie Non-REM-Schlaf an der Konsolidierung von Gedächtnisprozessen beteiligt und Träume beider Schlafstadien unterscheiden sich strukturell kaum.

Die Forschung ist zwar noch lückenhaft, aber einige Studien scheinen dennoch gewisse funktionale Schwerpunkte des Non-REM-Schlafes einerseits und des REM-Schlafes andererseits nahe zu legen:

- Non-REM-Schlaf: Da Störungen oder Entzug eher den Gefühlshaushalt und gewisse kognitive Leistungen des Arbeitsgedächtnisses zu beeinflussen scheinen, dient er möglicherweise stärker der Pflege und Regeneration „einfacher“ psychischer Strukturen.
- REM-Schlaf: Da Störungen oder Entzug eher persönlichkeits- oder identitätsbezogene Strukturen schwächen und kognitive Leistungen des Langzeitgedächtnisse zu beeinflussen scheinen, dient er möglicherweise stärker der Pflege und Regeneration „höherer“ psychischer Strukturen.

> *Die Formel für diese Träume lautet also: Sie sind verhüllte Erfüllungen von verdrängten Wünschen*
>
> (Sigmund Freud)

> *Der Traum gehorcht nicht nur nicht unserem Willen, sondern stellt sich sogar recht häufig in grellen Gegensatz zu den Absichten des Bewusstseins. Um dieses Verhalten zu formulieren, bot sich mir als einziger möglicher Begriff der der K o m p e n s a t i o n an.*
>
> (C. G. Jung)

Wir sind im Traum nicht nur weniger vernünftig und anständig, sondern auch intelligenter, klüger und urteilsfähiger.

(Erich Fromm)

Traumbedeutung: Psycho-Logik der Träume

Auch wenn der Traum ein Alltagsphänomen ist, das wie selbstverständlich zum Menschsein gehört – über den Sinn oder Unsinn des Träumens gibt es viele Auffassungen. Wir werden uns im Folgenden mit den Grundlagen der wichtigsten *tiefenpsychologischen* Konzepte von Freud, Jung und einigen anderen beschäftigen sowie die Kenntnisse der modernen *psychologischen* Traumforschung beleuchten.

Traditionelle Traumtheorien: Sinn und Unsinn des Träumens

Im Wesentlichen zeichnen die Modelle sehr unterschiedliche, den Traum in vielen schillernden Facetten darstellende Bilder. Um eines vorwegzunehmen: Keine der Theorien ist falsch, alle haben ihre Berechtigung und erfassen das unglaublich komplexe Phänomen des Traumes auf ihre Art. Mal weniger – und mal mehr umfassend.

Die Traumdeutung Sigmund Freuds

Freuds weltberühmt gewordenes Buch „Die Traumdeutung" aus dem Jahr 1900 begründete das „moderne" Traumverständnis – er stellte den lange vernachlässigten oder irreal überhöhten Traum wieder in den Mittelpunkt des seelischen Lebens: „Der Traum ist ein vollgültiges psychisches Phänomen." Bis heute bezieht sich *jede* irgendwie als wissenschaftlich zu verstehende Traumdeutung auf Freud: egal ob ablehnend, zustimmend oder ergänzend.

Freund unterteilte die menschliche Psyche in die Bereiche „Ich" (Bewusstsein), „Es" (Unbewusstes) und „Über-Ich" („Gewissen", kulturell-anerzogene Werte und Normen). Während wir im Alltag das Es durch vielfältige Abwehrmechanismen des Ich meist in Schach halten, könnte es im Schlaf allerdings das „geschwächte" Ich mit seinen destruktiven, verbotenen Fantasien gewaltig stören und den Schläfer notwendig wecken – wenn wir nicht träumen würden. In anderen Worten: Wenn wir nicht träumten, würden wir Nacht für Nacht praktisch kein Auge zu tun, weil die im Wachleben unterdrückten Gedanken und Wünsche im Schlaf durchbrechen würden.

Zwei der drei berühmtesten und zentralsten Aussagen Freuds über den Traum lauten: „Der Traum ist der Hüter des Schlafes" und „Der Traum ist die via regia zum Unbewussten" – der Traum als „Königsweg" zu unserem unbewussten Seelenleben. Beide Einsichten stehen in Abhängigkeit zueinander. Die wichtigsten spezifischen Mechanismen der so genannten Traumarbeit lauten:

a) *„Verdichtung"* (Gemeinsamkeiten zwischen den Traumgedanken – Vater, Pfarrer, Lehrer sind gemeinsam Repräsentanten des Autoritären und/oder Aggressiven),

b) *„Verschiebung"* (wichtige Aspekte werden im Traum als nebensächlich dargestellt, unwichtige dagegen überbetont) sowie
c) *„Symbolisierung"* (ein Bild dient zur Darstellung eines potenziell beunruhigenden, meist sexuellen Impulses – so werden in der psychoanalytischen Traumdeutung alle langen Gegenstände wie Stöcke, Bananen, Bleistifte, Flugzeuge zuerst als Penissymbole interpretiert, alle Öffnungen wie Höhlen, Türen, Kästen, Dosen als Vaginasymbole[13]).

Diese Mechanismen stehen im Dienste der vom „Traumzensor" überwachten und vollzogenen „Traumverkleidung". In der Traumdeutung kommt es vor allem darauf an, unter dem geträumten *manifesten* Traum – das, was wir vom Traum erinnern und berichten können – den verborgenen *latenten* Trauminhalt zu enthüllen.
Träume hüten den Schlaf also vor den verbotenen Impulsen des Es – dem latenten Trauminhalt –, indem sie diese im Traum „verkleiden".
Vieles würde uns tatsächlich „nicht einmal im Traum" einfallen: Das Gewissen – das Über-Ich – verbietet dies. Das sich im Schlaftraum äußernde Unbewusste wird deshalb einer „Zensur" unterworfen: Wenn man die Träume deuten will, muss man sie also entschlüsseln, indem man den Sinnzusammenhängen nachgeht, die hinter der Verdichtung, der Verschiebung und der Symbolisation stecken. Die Deutungsarbeit besteht also in der Umkehrung der Traumarbeit: Der Weg führt über den manifesten zum latenten Traumgedanken. Freud ging davon aus, dass praktisch immer sexuelle, erotisch gefärbte Es-Impulse in den Träumen ausgelebt werden wollen – und gewissermaßen ein Ventil suchen und finden: Deswegen ist der Traum für Freud – und das ist seine dritte übergeordnete Traumhypothese – *immer eine Wunscherfüllung*. Genauer: „Der Wunsch, welcher sich im Traum darstellt", so Freud, „muss ein infantiler sein"[14] – ein verdrängter Wunsch, der tief in unseren (traumatischen) Kindheitserfahrungen begründet liegt. Irrationale (sexuelle) Leidenschaften und Perversionen (aus frühkindlicher Zeit) sowie verdrängte Wünsche würden sich im Traum in verkleideter Form zeigen: „In das Nachtleben scheint verbannt, was einst im Wachen herrschte, als das psychische Leben noch jung und untüchtig war. Das Träumen ist ein Stück überwundenen Kinderseelenlebens."[15] Der Traum gleicht gewissermaßen einer Bildergeschichte aus vergessener, verdrängter Vergangenheit.

Verdrängte Kinderwünsche als „Traummotoren“

Der Psychoanalytiker Wolfgang Mertens hat solche „unsterblichen Kinderwünsche“ aufgelistet – „nicht ganz vollständig“ wie er betont: Ich möchte Geschwistern nichts abgeben müssen, sondern alles für mich allein bekommen.

Ich möchte von meinen Eltern anerkannt werden, wie ich bin.

Ich möchte, dass meine Eltern niemals fortgehen und immer bei mir bleiben und mit mir spielen.

Ich möchte jederzeit zu Mutter und Vater hingehen können und getröstet werden, wenn ich traurig bin oder es mir schlecht geht.

Ich möchte ganz viel kuscheln und gestreichelt werden. Ich möchte, dass meine Eltern immer für mich Zeit haben, wenn ich sie brauche.

Ich möchte das Kraftgefühl erleben, mit meinem Vater zu raufen, und für Augenblicke das Gefühl empfinden, dass ich stärker bin als er. Ich möchte meinen Vater idealisieren können, stolz darauf sein, wie er aussieht, wie männlich und kräftig sein Körper ist, wie sicher und durchsetzungsfähig er sich gegenüber anderen Menschen verhält. Ich möchte mich gegenüber einem größeren Geschwister durchsetzen können, ihm auch einmal anschaffen und befehlen können.

Ich möchte meine Neugier befriedigen können und wissen, was meine Eltern abends in ihrem Bett machen.

Ich möchte die Geschlechtsteile anderer Kinder anschauen und berühren.

Ich möchte meinen Eltern, meinen Geschwistern, meinen Spielkameraden zeigen, wie toll mein nackter Körper aussieht. Ich möchte so stark sein, dass ich alle, die sich mir in den Weg stellen oder mich ärgern, besiegen kann.

Ich möchte mir jederzeit ganz viel Lust selbst verschaffen dürfen.

Ich mochte die Schönste/der Schönste von allen sein.

Ich möchte weggehen können, ohne dass meine Eltern traurig sind, und wiederkommen dürfen, wann es mir Spaß macht.

Ich möchte sagen dürfen, wenn mich etwas ärgert.

Ich möchte meine Wut äußern dürfen, meine Enttäuschung und meine Traurigkeit.

Ich möchte mich nie mehr schuldig fühlen müssen wegen Missetaten oder böser Gedanken.

Ich möchte genau die gleichen Privilegien haben wie ein Junge/ein Mädchen.

Ich möchte vertrauen und lieben dürfen.

Ich möchte, dass sich meine Eltern über meine Geschenke freuen und diese annehmen können.

Ich möchte so überlegen sein, dass ich alle Feinde besiegen kann.

Ich möchte mich in ein Mädchen/einen Jungen verlieben und Doktorspiele mit ihr/ihm machen.

Ich möchte, dass ich manchmal meinen Vater/meine Mutter ganz für mich alleine habe, mit ihm/ihr schmusen kann. Dann wünsche ich mir meine Mutter/meinen Vater weit, weit weg.

Ich möchte mich manchmal meiner Mutter/meinem Vater überlegen fühlen können, mich weiblicher/männlicher erleben dürfen, ohne Angst vor ihrer/seiner Vergeltung haben zu müssen.[16]

(nach Mertens „Traumdeutung“ 1998 und 2009)

Ein weiterer wichtiger Pfeiler der freudschen Traumtheorie ist der so genannte *Tagesrest*. Damit Träume entstehen, müssen nicht nur aktuelle Wünsche des Träumers mit verdrängten und verbotenen Wünschen im Unbewussten korrespondieren, sondern sie entstehen zusätzlich erst dann, wenn sie sich gewissermaßen an ein (tages-)aktuelles Erlebnis anhängen können.

Detlev von Uslar hat die Psychodynamik der freudschen Traumbildung mit folgender Metapher beschrieben: „Der Träumer sitzt im Schlaf quasi in einem Theater. Hinter den Kulissen sitzen die Traumregisseure, das sind die Instanzen der unbewussten Ich-Anteile. Die Stars der Aufführung sind das Realitätsprinzip, die Kausalität, die Logik und das Gewissen. Zu den Statisten gehört der Tagesrest. Die Theaterdirektion wählt die Stücke aus, die gespielt werden, welche beim Publikum ankommen und es bewegen sollen! Somit ist die Direktion mit der emotionalen Bewegung im Unbewussten zu vergleichen. Das Volk ist jedoch unzufrieden damit, was aufgeführt wird, und versucht auf die Bühne zu dringen. Diese Eindringlinge sind die unbewussten Triebregungen, sie drohen den Traum zu unterbrechen und somit den Schlafenden aufzuwecken. Es ist nun die Aufgabe der Traumregisseure die Eindringlinge mittels Requisiten so zu verändern, dass sie in das Stück hineinpassen.“[17]

Mit dem modisch gewordenen Abgesang auf die Psychoanalyse Sigmund Freuds sollte man beim Traum vorsichtig sein. Zwar hat die experimentelle Traumforschung gezeigt, dass bestimmte Annahmen der freudschen „Traumdeutung“ – besonders die Unterscheidung manifester und latenter Trauminhalt – nicht mehr haltbar sind: Für die moderne Traumforschung verdrängt der Traum verdrängt nichts, er ist immer das, was er ist: ein existentielles Erlebnis. Freud hat aber dennoch recht behalten: Der Traum ist ein „vollgültiges psychisches Phänomen“ und er erfüllt eine tiefgreifende psychologische Funktion, da er selbst- oder identitätsstabilisierend wirkt und neue psychische Strukturen organisiert. Die Zeit des „Postfreudianischen Traums“ sei reif, so Harry Fiss in einer Anspielung auf Freuds berühmtes Werk, anstelle einer „Psychopathologie“ nun eine „Psychologie des Alltagstraums“ zu formulieren und dem Traum als multifunktionales Lebensphänomen gerecht zu werden.

So erkennen die experimentellen Traumforscher mittlerweile eine charakteristische Wahrheit, über die schon Freud spekuliert hatte: „Der Sinn des Traumes“, hatte der Wiener Seelenpionier vermutet, „erweise sich als ebenso mannigfaltig wie eben die Gedankengänge des Wachens“. Die vorliegenden Befunde bestätigen, dass wir unser Dasein im Träumen und Wachen strukturell ähnlich erleben. Und bezüglich des so häufig geschmähten freudschen Postulates, wonach jeder Traum eine Wunscherfüllung sei, betont der Psychologe Wolfgang Mertens, dass in der "postfreudianischen Traumtheorie" davon ausgegangen werden müsse, "dass es nicht nur Triebwünsche sind, die im Traum befriedigt werden, sondern die gesamte Breite von Wünschen einschließlich solcher, die zur Erhaltung der Selbstachtungs- und Sicherheitsgefühle, des Bedürfnisses, sich zu behaupten usw. dienen". Da zudem alle jene Wünsche hinzugerechnet werden müssen, "die durch bewusste oder unbewusste Angst und andere unlustvolle Gefühle erzeugt oder motiviert werden", so Mertens weiter, "dürfte es schwierig sein, sich eine menschliche Handlung vorzustellen, die nicht von einem Wunsch im eben genannten Sinne ausgelöst oder begleitet wird, aber manche Computeranalogisten der menschlichen Psyche bringen dies tatsächlich fertig"[18]. (2000, S. 45/46).

So nähern sich die experimentellen Traumforscher mittlerweile einer charakteristischen Wahrheit, über die schon Freud spekuliert hat: „Der Sinn des Traumes", hatte der Wiener Seelenpionier in seiner *Traumdeutung* vermutet, „erweise sich als ebenso mannigfaltig wie eben die Gedankengänge des Wachens." Die vorliegenden Befunde der Traumforschung – auf die noch genauer eingegangen wird – bestätigen, dass wir unser Dasein im Träumen und Wachen strukturell ähnlich erleben. „Träume von Erwachsenen", bilanziert der Mannheimer Traumpsychologe Michael Schredl die Lage, „haben eine hohe Ich-Beteiligung, deutlichen Realitätsbezug, ausgewogene Gefühle und sind durch vorwiegend visuelle und auditive Eindrücke gekennzeichnet."[19]

Die von Freud hervorgehobene Bedeutung des „Tagesrestes" ist ohnehin unbestritten: Alle Träume thematisieren aktuelle Tagesreste oder basieren auf ihnen. In beeindruckenden, streng kontrollierten Experimenten zum so genannten Pötzl-Effekt konnte wiederholt nachgewiesen werden, dass und wie bedeutsam Tagesreste sind. Konfrontiert man Versuchspersonen mit bestimmten subliminalen, das bedeutet extrem kurzen und bewusst nicht wahrnehmbaren, Schlüsselreizen – Wörtern, Zeichnungen oder Tönen –, die nichts mit ihrem aktuellen Leben zu tun haben, tauchen diese nachweisbar in den Träumen wieder auf.[20]

Freuds Irma-Traum

Gleichsam die „Mutter aller Träume" in der Fachliteratur ist derjenige von „Irmas Injektion". Freud hatte ihn am 27. Juli 1895 geträumt, als er eine befreundete junge Witwe psychoanalytisch behandelte und ihr eine Lösung für ihre Probleme vorschlug, die ihr nicht annehmbar erschien. Die Interpretation des eigenen Traumes beschäftigte Freud über Jahre und er verstand sie als „Durchbruch": Die wesentlich auf dem Irma-Traum basierende „Traumdeutung" von 1900 hielt er bis an sein Lebensende für sein letztlich wichtigstes Werk. Der Irma-Traum in der Traumdeutung: *Eine große Halle – viele Gäste, die wir empfangen, – unter ihnen Irma, die ich sofort beiseite nehme, um gleichsam ihren Brief zu beantworten, ihr Vorwürfe zu machen, dass sie die „Lösung" noch nicht akzeptiert. Ich sage ihr, wenn du noch Schmerzen hast, so ist es wirklich nur deine Schuld. Sie antwortet: Wenn du wüsstest, was ich für Schmerzen jetzt habe im Hals, Magen und Leib, es schnürt mich zusammen. – Ich erschrecke und sehe sie an. Sie sieht bleich und gedunsen aus; ich denke, am Ende übersehe ich da doch etwas Organisches. Ich nehme sie zum Fenster und schaue ihr in den Hals. Dabei zeigt sie etwas Sträuben wie die Frauen, die ein künstliches Gebiss tragen. Ich denke mir, sie hat es doch nicht nötig. Der Mund geht dann auch gut auf, und ich finde rechts einen großen Fleck, und anderwärts sehe ich an merkwürdigen krausen Gebilden, die offenbar den Nasenmuscheln nachgebildet sind, ausgedehnte weißgraue Schorfe. – Ich rufe schnell Dr. M. hinzu, der die Untersuchung wiederholt und bestätigt ... Dr. M. sieht ganz anders aus als sonst; er ist sehr bleich, hinkt, ist am Kinn bartlos ... Mein Freund Otto steht jetzt auch neben ihr, und Freund Leopold perkutiert sie über dem Leibchen und sagt: Sie hat eine Dämpfung links unten, weist auch auf eine infiltrierte Hautpartie an der linken Schulter hin (was ich trotz des Kleides wie er spüre) ... M. sagt: Kein Zweifel, es ist eine Infektion, aber es macht nichts; es wird noch Dysenterie hinzukommen und das Gift sich ausscheiden ... Wir wissen*

auch unmittelbar, woher die Infektion rührt. Freund Otto hat ihr unlängst, als sie sich unwohl fühlte, eine Injektion gegeben mit einem Propylpräparat, Propylen Propionsäure ... Trimethylamin (dessen Formel ich fett gedruckt vor mir sehe). Man macht solche Injektionen nicht so leichtfertig ... Wahrscheinlich war auch die Spritze nicht rein.
In seiner „Traumdeutung" beschäftigt sich Freud auf vielen Seiten mit diesem Traum und versucht zu erklären, warum er eine verkappte Wunscherfüllung darstellt: Der Traum bestärkt Freud, dass er an Irmas Unwohlsein nicht beteiligt sei, vielmehr Otto die Schuld trage.
Das – latente – Motiv des erzählten (manifesten) Traums ist also der Wunsch, Freud möge nicht schuld an Irmas Unwohlsein sein. Dieser Traum beschäftigte auch die Fachleute: Bis zum Ende des letzten Jahrhunderts haben sich mindestens 20 renommierte Experten innerhalb und außerhalb der Psychoanalyse mit weiteren von Freud verdrängten, vergessenen oder sonst wie unbeachtet gebliebenen Aspekten dieses Traumes auseinandergesetzt.

Die Traumdeutung Carl Gustav Jungs

Aus C. G. Jung, dem anfänglichen Lieblingsschüler Freuds, wurde schnell einer der größten Widersacher seiner Lehre: Für Jung waren vor allem die „Libido" und die Sexualität nicht die einzige Quelle menschlicher Motivation und des Unbewussten – die von Freud absolut gefasste Wunscherfüllung von daher unhaltbar. Außerdem erschien ihm die Unterscheidung zwischen latentem und manifestem Trauminhalt nicht möglich und auch nicht notwendig. Jung stellte beim Traumgeschehen besonders die *Kompensation* in den Vordergrund: die ausgleichende Funktion der Träume. Sexuelle „Wunscherfüllung" ist nur die Ausnahme einer ganz anderen Regel. Im Wachen ist unser Bewusstsein wegen des Handlungszwangs meist stark eingeengt, in der Entspannung des Schlafes löst sich dies auf. Das Unbewusste kann Möglichkeiten realisieren, die das wache Bewusstsein entweder verdrängte oder übergehen und übersehen musste – der Traum konfrontiert uns mit den im Tagesgeschehen und -erleben vernachlässigten Aspekten unseres Selbst. Träume spiegeln daher Eigenschaften oder Einstellungen wider, die dem Träumenden im Wachleben nicht bewusst oder die nur schwach ausgeprägt sind. Kompensation kann man im Sinne von ergänzen verstehen: Es dient der Ganzheit.
Jemand, der im Wachzustand zum Beispiel ausschließlich verstandesorientiert an die Lösung eines Problems herangeht, erfährt im Traum die vernachlässigten komplementären emotionalen und intuitiven Möglichkeiten. Ein meist als „Macher" agierender Träumer erlebt die im Wachleben ausgeblendete Muße, gelassenes Verhalten, während ein schüchterner Mensch von „draufgängerischem" Handeln und Erleben träumen könnte. Die Kompensation des Traums steht im Dienste der Ganzheit unserer Psyche oder unseres Selbst. So zeigt die Kompensation in den Träumen einen Weg auf, der sich nicht auf die Anforderungen des wachen Bewusstseins beschränkt, sondern in der Mitte zwischen dem Bewusstsein und dem Unbewussten liegt. Diesen Weg nennt Jung den *Weg der Individuation*, weil er zu dem führt, was wir eigentlich selbst sind.

Ein zweiter Pfeiler der Jungschen Traumtheorie sind die *Archetypen*: Im Traum geht es nicht nur um das eigentlich „Individuelle“, da sich nicht allein das individuelle Unbewusste, das persönlich Verdrängte und Vergessene darstellt, sondern auch um Über-Individuelles und Allgemeinmenschliches wie Geburt und Tod, Liebe und Begegnung, Männlichkeit und Weiblichkeit. Jung nennt diese Urgestalten menschlicher Erfahrung Archetypen – sie sind allen Menschen von Geburt an gemeinsam und stammen aus der das Unbewusste nach Freud übersteigenden größeren Tiefe des für Jung besonders wichtigen „kollektiven Unbewussten“.
Entsprechend formulierte der ehemalige Freud-Schüler für seine praktische Arbeit der Traumdeutung die freudsche Prämisse jeglicher therapeutischen Arbeit – „wo ES war, soll ICH werden“ – um: „Die Hauptaufgabe der Träume ist es", betont Jung in seiner Arbeit *Symbole und Traumdeutung*, "eine Art ‚Erinnerung‘ an das Prähistorische wie auch an die kindliche Welt bis hinunter zu den primitivsten Instinkten zu wecken.“[21]
Hinzu kommt ein dritter, auch schulübergreifend wichtiger Aspekt der Traumdeutung Jungs: die Unterscheidung in Träume auf der *Objekt-* und auf der *Subjektstufe*. Auf der Subjektstufe zeigen sie die Persönlichkeit des Träumers, auf der Objektstufe dagegen das, was der Träumende am Tag erlebt hat. Während auf der Objektstufe alle Traumelemente als das verstanden werden, was sie real sind, und die Beziehung des Träumers zu den jeweiligen Objekten im Mittelpunkt steht, betrachtet man auf der Subjektstufe die Traumelemente als Teil oder Eigenschaft des Träumers – sie werden als Symbole für Persönlichkeitsmerkmale verstanden.
Alle Symbole können aus beiden Perspektiven gedeutet werden: So lässt sich zum Beispiel die Traumgestalt eines Lehrers im Traum auf der Objektebene dahingehend deuten, was das Verhältnis zu diesem Lehrer für das eigene Leben bedeutet. Auf der Subjektebene dagegen würde man nach den eigenen Anteilen fragen, die der Lehrer darstellt: Je nachdem, ob es sich um einen strengen oder gütigen Lehrer handelt, könnte dann das Autoritäre oder hilfreich Wohlwollende der eigenen Persönlichkeit gemeint sein. Zudem betonte Jung betonte den *Drama-Charakter* eines jeden Traumes: Thema, Entfaltung, Verwicklung und (Auf-)Lösung. Jung versteht den Traum also gewissermaßen als inneres Schauspiel, das das kollektive Unbewusste geschrieben hat – auf der Objektebene. Gleichzeitig sind wir aber auch die Regisseure und Schauspieler dieses Spiels – auf der Subjektstufe.
In der praktischen Traumdeutung legte Jung viel Wert auf die von Freud übernommene, aber differenziert angewendete Technik der Assoziation, die er stark auf die bildhaften Symbole und Metaphern des Traumes bezog, wie das folgende Beispiel zeigt:

Jungsche Traumdeutung: Assoziation

In seiner Schrift "Die Traumanalyse" schildert Jung folgenden Patiententraum[22] (31 Jahre, unverheiratet): *Ich befand mich in einem kleinen Zimmer und saß an einem Tisch neben Papst Pius X., der viel schönere Gesichtszüge hatte als in Wirklichkeit, was mich überraschte. Nebenan sah ich einen großen Raum mit einem prächtig gedeckten Tisch und vielen Damen in Abendkleidern. Plötzlich fühlte ich das Bedürfnis zu urinieren und ging hinaus. Bei meiner Rückkehr wiederholte sich das Bedürfnis; ich ging wieder hinaus, und so geschah es mehrere Male. Schließlich wachte ich auf, mit dem gleichen Bedürfnis.*

Da der Träumer sich den Traum durch seinen Blasenreiz verursacht erklärte und nachdrücklich die Existenz irgendwelcher Komponenten von großer individueller Bedeutsamkeit in diesem Traum bestritt, folgerte Jung, dass im Träumer ein starker Widerstand bestand. Infolgedessen wagte er zuerst nicht, die Frage zu stellen, warum der Mann sich mit dem Papst verglichen hatte? Stattdessen suchte er nach Assoziationen zu den im Traum genannten Symbolen – in Auszügen:

- *Papst*: lebt in herrlicher Welt.
- *Neben dem Papst sitzen*: Ich saß genauso als Gast in Arabien neben einem Scheich einer muselmanischen Sekte (entspricht Papst).
- *Papst lebt ehelos, Moslem polygam*: Ich bin Junggeselle, wie der Papst, aber ich möchte gerne viele Frauen haben wie der Moslem.
- *Zimmer und Saal mit gedecktem Tisch*: Räume im Hause meines Vetters, war dort vor zwei Wochen zu einem Bankett eingeladen, es waren Damen in Abendkleidern und viele Mädchen im heiratsfähigen Alter dort.

Jung merkt zu diesem Fall an:

- „Assoziationen stoppten, als ‚Gedankenentzug' bekanntes Phänomen"
- „Auf Assoziationen gestoßen, die starken Widerstand weckten": *Junge Mädchen*: Eine von ihnen blieb einige Zeit bei uns und ich begleitete sie zu ihrer Abreise gemeinsam mit meiner Schwester zum Bahnhof; ich hatte dabei etwas Lustiges zu meiner Schwester gesagt, kann mich aber nicht erinnern was es war … etwas später erinnerte er sich: Auf dem Weg zum Bahnhof trafen wir einen Herrn, sie ist jetzt mit diesem wohlhabenden Herrn verlobt. Jungs Anmerkung: Der Träumer hatte sich auch für das Mädchen interessiert, war aber zu spät gekommen.
  Gesicht des Papstes: Nase wie eine junge Frau, für die ich mich momentan interessiere; wohlgeformter Mund wie ein anderes junges Mädchen, das mir ebenfalls sehr gefällt.
  Bedürfnis zu urinieren: Ich war im Alter von elf Jahren zur Hochzeit eines Verwandten eingeladen, wo ich neben einem gleichaltrigen Mädchen saß. Ich merkte, dass ich urinieren musste. Die Zeremonie dauerte ziemlich lang und ich unterdrückte den Drang, bis es zu spät war. Ich machte meine Hose nass.
  Jung merkte an: „Die Assoziation der Heirat mit dem Wunsch zu urinieren, datiert also von jenem Vorfall her." Und so weiter.

Einen kompakten Überblick über die wesentlichen Unterschiede in den Traumdeutungen der beiden mit Abstand wichtigsten Vertreter der Tiefenpsychologie gibt die folgende Gegenüberstellung:

Gegenüberstellung einiger zentraler Aspekte der Traumpsychologie von Sigmund Freud und C. G. Jung (nach Mertens)	
Traumpsychologie Sigmund Freud	Traumpsychologie C. G. Jungs
Der manifeste Traum entsteht aufgrund der Tätigkeit des "Traumzensors", der auch im Schlaf drängende Wünsche derart verschleiert, dass sie für den Träumer nicht erkennbar werden und somit den Schlaf nicht stören können.	Der Traum ist die symbolische Darstellung eines unbewussten Inhalts, enthält hingegen keinen absichtlich verhüllten und deshalb aufwändig zu entschlüsselnden Inhalt.
Die Rekonstruktion des latenten Traumgedankens erlaubt eine Identifizierung der verdrängten Wünsche, die der Betreffende bis zum heutigen Tag verdrängen muss und nicht in sein bewusstes Selbstverständnis integrieren kann.	Der Traum enthält eine wichtige Botschaft über den Träumer, die in einer metaphorischen und symbolischen Sprache zum Ausdruck kommt. Der Traum konfrontiert den Träumer mit den ungelebten Seiten seiner Persönlichkeit oder ihn belastenden Problemen.
Träumen erlaubt ein teilweises Ausleben der unterdrückten Kinderwünsche im Schlaf; ohne Träumen würde der neurotische Konflikt tagsüber eine Intensivierung erfahren.	Für die seelische Entwicklung ist es wichtig, diese Botschaft des Traums in das bewusste Erleben zu integrieren, das sich zunächst gegen die Einsichten wehren kann, die im Traumbewusstsein erkennbar werden.

Obwohl Jungs Traumkonzept alles in allem stärker akzeptiert wurde und wird als das von Sigmund Freud, sollten auch die vielen Kritiker Jungs mit einer pauschalen Ablehnung seines Traummodells vorsichtig sein: Seine komplementäre Traumfunktion ist ebenso anerkannt wie die Metaphern- und Symbolsprache der Träume. Gleichzeitig haben viele Therapieformen die Deutung in Objekt- und Subjektstufe anerkannt und arbeiten praktisch damit. Auch die Kritik an den Traum-Archetypen sollte man sehr differenzieren: So räumt beispielsweise Michael Schredl, einer der führenden experimentell arbeitenden deutschen Traumforscher, ein, dass Träume auch archetypischen Inhalts sein können. Allerdings hat Jung deren Funktion weit überschätzt. Archetypische Träume sind die randseitige Ausnahme einer ganz anderen Regel: Wir träumen meist sehr alltägliche und den Alltag betreffende Träume.

Weitere tiefenpsychologische Traumtheorien

Es ist unmöglich, alle tiefenpsychologischen Traumkonzeptionen auch nur annähernd darzustellen – dazu müsste man praktisch alle Psychotherapieschulen und ihr Traumverständnis beleuchten. Für unsere Überblickszwecke soll eine Darstellung der wichtigsten und wesentlichsten weiterführenden oder vermittelnden Ansätze nach Freud und Jung genügen.

Harald Schultz-Hencke: der „Neoanalytiker"
Der Psychoanalytiker Hencke spielt eine wichtige Rolle als „Integrator" in der tiefenpsychologischen Traumtheorie. Da er verschiedene Schulen miteinander verbinden wollte, betrachtete er sich als Vertreter der so genannten Neoanalyse. Dabei betonte er im Wesentlichen, dass bei Neurotikern oder stark angstbesetzten Menschen freudsche Traummechanismen der libidinösen Wunscherfüllung und Zensur eine wichtige Rolle spielen. Gleichzeitig dürfe man die Wünsche des Es nicht verabsolutieren, da der Traum auch andere Quellen habe – wie beispielsweise das von Alfred Adler betonte Geltungs- oder Besitzstreben. Dabei betonte er im Sinne Jungs zudem den häufig kompensatorischen und komplementären Charakter unserer Träume.

Erich Fromm: der „Humanist"
Erich Fromm, ein ausgebildeter Psychoanalytiker, kritisiert den Dogmatismus sowohl in Freuds wie auch in Jungs Traumtheorie: Man dürfe sich nicht darauf versteifen, so Fromm in seiner grundlegenden Kritik an Freuds Verständnis, „dass jeder Traum Ausdruck einer Wunscherfüllung" sei. Zudem kritisiert Fromm nachdrücklich, dass Träume bei Freud stets und unweigerlich Ausdruck des irrationalen Teils unserer Persönlichkeit sein sollten. Das versteht Fromm angesichts des komplexen Großen und Ganzen der vielfältigen Traumwirklichkeiten etwas anders – und kritisiert deswegen auch bei Jung die absolute Betonung der immer archetypischen, religiösen und überindividuellen Weisheit des Unbewussten, die in den Träumen ausgedrückt würde.
Gegen die „Weisheit des Unbewussten" hat Fromm ansonsten nichts einzuwenden: Im Gegenteil, sie artikuliert sich tatsächlich in den Träumen und sie hilft uns beim Träumen – genauer: wenn wir die Traumsprache richtig verstehen. Da das Denken in seiner Bedeutungs- und Sinnhaftigkeit im Traum zwar durchaus ähnlich funktioniert wie im Wachleben, aber einer völlig anderen, von Raum und Zeit losgelösten komplexen Logik der assoziativen *Symbolsprache* unterliegt, müssen wir diese Traumsprache erst – oder wieder – verstehen lernen.
Dazu muss man aber das Unbewusste richtig begreifen: Für Fromm ist es weder Jungs mythisches Reich mit seinen aus der Gattungsgeschichte ererbten Erfahrungen des „Archetypischen" noch wie bei Freud Sitz irrationaler libidinöser Kräfte, die im Traum nach „halluzinatorischer Wunsch-erfüllung" trachten. Das Unbewusste müsste man vielmehr gemäß dem Grundsatz auffassen: „Was wir denken und fühlen, wird von dem beeinflusst, was wir tun."[23]

Für Fromm ist es eine Tatsache, dass das Unbewusste jenseits irrationaler Wunscherfüllungen oder irrational überhöhter archetypischer Bedeutung „alle möglichen anderen Arten von Seelentätigkeit“ zum Ausdruck bringen kann.
Da für Fromm Träume letztlich wichtige Mitteilungen von uns selbst an uns selbst sind – wenn wir ihre Symbolsprache verstehen –, kann man ihn im Kern als einen frühen Vertreter der heutigen Traumpsychologie, die von einem Kontinuum von Wach- und Traumleben ausgeht, betrachten: „Trotz all dieser merkwürdigen Eigenschaften sind unsere Träume – solange wir träumen – für uns ebenso wirklich wie nur irgendein Erlebnis unseres wachen Lebens.“
Im Traum gibt es kein tiefenpsychologisches Als-ob: „Der Traum“, so Fromm sehr zeitgemäß, „ist gegenwärtiges, reales Erleben.“[24]
Dennoch bleibt zu beachten, dass gerade Fromm als letztlich moderner Vertreter einer offenen Traumdeutung die Freudschen und Jungschen Ansätze differenziert betrachtet und ihnen – wenn man sie nicht dogmatisch missversteht – eine sinnvolle Berechtigung zugesteht, wie das folgende Beispiel dokumentiert.

Traumbeispiel: Wunscherfüllungen
Der folgende Traum ist für Erich Fromm, selbst praktizierender Psychotherapeut, ein Beispiel im Sinne von Freuds Wunscherfüllung, den er aber differenziert deutet.
Der Fall: Der Träumer, ein Mann von 30 Jahren, unverheiratet, litt seit vielen Jahren an schweren Angstanfällen, an einem überwältigenden Schuldgefühl und fast ständigen Selbstmordfantasien. Er fühlte sich schuldig wegen seiner angeblichen Schlechtigkeit und seiner bösen Strebungen. Er beschuldigte sich selbst, er habe das Bedürfnis, alles und jeden zu vernichten, er habe den Wunsch, Kinder umzubringen. In seinen Fantasien schien der Suizid der einzige Ausweg zu sein, die Welt vor seiner bösen Gegenwart zu schützen und für seine Schlechtigkeit zu büßen. Aber diese Fantasien hatten auch noch einen anderen Aspekt: Nach seinem Opfertod hoffte er als allmächtiger, von allen geliebter Mensch wiedergeboren zu werden, der allen anderen Menschen an Macht, Weisheit und Güte weit überlegen sei.
Der Traum (zu Beginn der Analyse): *Ich steige auf einen Berg; rechts und links vom Weg liegen die Körper toter Männer. Keiner ist lebendig. Als ich oben auf dem Gipfel ankomme, sehe ich dort meine Mutter sitzen; ich bin plötzlich wieder ein ganz kleines Kind und sitze auf ihrem Schoß.*
Der Träumer erwachte aus seinem Traum mit einem Angstgefühl. Zur Zeit dieses Traums war er so sehr von Angst gepeinigt, dass er zu keiner Assoziation zu irgendeiner Einzelheit des Traums in der Lage war und sich auch nicht an ein besonderes Ereignis vom Vortag erinnern konnte.
Die Bedeutung des Traums wird aber klar, wenn wir die Gedanken und Fantasien des Träumers aus der Zeit vor dem Traum mit heranziehen. Er ist der älteste Sohn und hat einen jüngeren Bruder, der ein Jahr nach ihm geboren wurde. Der Vater, ein autoritärer, strenger Pfarrer, hegte für den älteren Jungen – und übrigens auch für die anderen Menschen – nur wenig Liebe. Seine Beziehung zu dem Jungen bestand darin, dass er ihn unterrichtete, ermahnte, lächerlich machte und bestrafte. Das Kind hatte solche Angst vor ihm, dass es seiner Mutter Glauben schenkte, als diese ihm sagte, der Vater hätte ihn umgebracht, wenn sie nicht dazwischengetreten wäre. Die Mutter war ganz anders als der Vater. Sie war eine

pathologisch besitzgierige Frau, die von ihrer Ehe enttäuscht war und sich für niemand und nichts interessierte als für die Herrschaft über ihre Kinder. Zu ihrem Erstgeborenen hatte sie allerdings eine besonders starke Bindung entwickelt. Sie jagte ihm Angst ein, indem sie ihm Geschichten von gefährlichen Gespenstern erzählte, und stellte sich dann als seine Beschützerin hin, die für ihn beten, ihn leiten und stark machen würde, sodass er eines Tages stärker sein würde als der gefürchtete Vater. Als der jüngere Bruder geboren worden war, zeigte sich der Ältere offensichtlich tief verstört und eifersüchtig. Er selbst konnte sich an diese Zeit nicht erinnern, doch berichteten Verwandte von unmissverständlichen Anzeichen tiefer Eifersucht kurz nach der Geburt des Brüderchens.

Diese Eifersucht hätte vielleicht nicht so gefährliche Dimensionen angenommen, wie dies nach zwei oder drei Jahren der Fall war, wenn der Vater nicht das Neugeborene als sein Kind auserwählt hätte. Vielleicht tat er es wegen der auffallenden körperlichen Ähnlichkeit mit ihm selbst, oder vielleicht auch, weil seine Frau immer noch für ihren Lieblingssohn derart voreingenommen war. Als der Träumer vier oder fünf Jahre alt war, war die Rivalität zwischen beiden Brüdern bereits in vollem Gang und nahm von Jahr zu Jahr zu. In der Feindschaft der beiden Brüder spiegelte sich die Feindschaft der Eltern, die von den Kindern ausgefochten wurde. In diesem Alter wurden die Grundlagen für die spätere schwere Neurose des Träumers gelegt: die intensive Feindschaft gegen den Bruder, der leidenschaftliche Wunsch zu beweisen, dass er diesem überlegen war, die große Angst vor dem Vater, die durch Schuldgefühle noch erheblich gesteigert wurde, weil er den Bruder hasste und heimlich den Wunsch hatte, später einmal stärker zu sein als der Vater. Das Gefühl von Angst, Schuld und Machtlosigkeit wurde durch die Mutter noch vergrößert, was ihm – wie bereits erwähnt – noch zusätzlich Angst bereitete. Aber sie bot ihm auch eine verlockende Lösung an: Wenn er ihr kleines Baby blieb, das ihr ganz gehörte und sich für niemand anderen interessierte, dann würde sie ihn groß und dem verhassten Rivalen überlegen machen. Das war die Basis für seine Tagträume von Macht und Größe wie auch für seine enge Bindung an die Mutter – jenen Zustand kindlicher Abhängigkeit, der ihn veranlasste, sich zu weigern, seine Rolle als Erwachsener anzunehmen.

Vor diesem Hintergrund, so Fromm, sei der Traum leicht zu verstehen – und er gibt ein Beispiel, wie man die Symbolsprache des Traumes entziffern kann:

- *Er steigt auf einen Berg*: Sein Ehrgeiz, allen überlegen zu sein, ist das Ziel seines Strebens.
- *Rechts und links vom Weg liegen die Körper toter Männer. Keiner ist lebendig*: Die Erfüllung seines Wunsches nach Ausrottung aller Rivalen. Da er sich so ohnmächtig fühlt, kann er vor ihnen nur sicher sein, wenn sie tot sind.
- *Als er oben auf dem Gipfel ankommt* – als er das Ziel seiner Wünsche erreicht hat –, *findet er dort seine Mutter vor, und er sitzt auf ihrem Schoß*: Er ist wieder eins mit der Mutter, ist ihr Baby, das ihre Kraft und ihren Schutz empfängt. Alle Rivalen sind beseitigt – er ist mit ihr allein, frei und braucht keine Angst mehr zu haben.

Fromm bilanziert seine Traumdeutung in diesem Fall abschließend so, dass der Preis für die Erfüllung der infantilen Wünsche des Träumers darin läge, das Baby zu bleiben, „das hilflos an seine Mutter gebunden und abhängig von ihr ist, das nicht selbständig denken und niemanden außer ihr lieben darf". Angsterregend, so Fromm, sei „gerade die Erfüllung seiner Wünsche": Er erwacht deswegen mit einem Gefühl des Entsetzens, weil die Erfüllung seiner irrationalen Wünsche eine Bedrohung seiner rationalen, erwachsenen Persönlichkeit darstellt, die nach Gesundheit und Glück strebt.[25]

Ludwig Binswanger und Medard Boss: die „Daseinsanalytiker"
Die phänomenologischen oder existentiellen Psychologen sehen buchstäblich nichts hinter dem Traum und seinen Bildern. Der Traum ist das, was er ist. Deswegen kritisieren und warnen sie davor, Träume überzuinterpretieren: Das Traumsymbol verweise auf den „Hintergrund des Seins aller Dinge" und nicht auf verdrängte Triebe oder Archetypen.
Im Sinne der Daseinsanalytiker darf die Welt nicht kategorial in das Subjektive und Psychische hier und das Objektive und Messbare dort getrennt werden – sondern ist als übergeordnete Einheit unseres (Da-)Seins als umfassendes In-der-Welt-Sein zu verstehen. Entscheidend beim Umgang mit Träumen sind daher folgende Fragen: Wie existiert der Träumer in der Welt seines Traums? Was charakterisiert sein Dasein? So analysieren und suchen die Daseinsanalytiker im Traum nach den Gemeinsamkeiten zwischen Psyche oder Seele und individuellem In-der-Welt-Sein. Als Beispiel wird folgender Traum herangezogen: Ein Vogel fliegt aufsteigend in den strahlend blauen Himmel. Hier gehören dann beispielsweise die aufsteigende Stimmung der Heiterkeit und der nach oben gerichtete Flug strukturell ebenso zusammen wie die Bedeutungen des Begriffs „heiter", der sowohl eine emotionale Stimmung wie auch den Himmel beschreiben kann. Wenn daher der Vogel im Traum von einem Pfeil getroffen herabstürzt und dem Träumer bildlich „vor die Füße fällt", dann bilden auch das Herabstürzen und Niedergedrücktsein der Trauer oder Depression eine Einheit. Das heißt, dass Traumaspekte nicht als Symbol „übersetzt" werden, sondern sozusagen für sich selbst sprechen. Bei aller Kritik akzeptieren die Daseinsanalytiker allerdings gewisse freudsche Konzepte: So gestehen sie ein, dass viele Künstler die „poetische" Wirkung des Traums für ihre Arbeit nutzen, wobei dieses kreative, traumähnliche Schaffen strukturell auffällig den freudschen Traummechanismen der Verdichtung und Verschiebung ähnelt.
Abschließend wird als wichtiger Vertreter weiterer Traumkonzepte der Schweizer Psychotherapeut *Alphonse Maeder* genannt, weil er die überwiegend vergangenheitsorientierte Perspektive um die *zukunftsgewandte* Funktion des Träumens ergänzte. In großen Bereichen ähnelt sein Ansatz dem problemlöseorientierten Konzept der modernen Traumforschung, da er den Traum auch als einen Versuch versteht, aktuelle gedankliche oder emotionale Probleme des Träumers mit Rückgriff auf Gedächtniskapazitäten für die Zukunft zu lösen.

Moderne Traumempirie: Was man wirklich weiß

Bisher standen praktisch „Armchair"-Traumkonzepte im Mittelpunkt der Darstellungen: subjektive Theorien, die aus der persönlichen Praxis und Eigenerfahrung sicherlich inspirierter und inspirierender Geistesgrößen stammen. Wissenschaftliche Theorien müssen allerdings objektiv, gleichsam „von der ganzen Wirklichkeit" gestützt und bestätigt werden. Im Folgenden also mehr darüber, was die empirisch forschende Traumpsychologie heute weiß. Die Frage, wie viele Träume wir im Lauf eines Lebens eigentlich träumen, muss dabei unbeantwortet bleiben. Berechnungen wie die des Psychologen Jürgen vom Scheidt, wonach ein 70-jähriger Mensch über 150.000 Träume geträumt hat, sind irreführend: Diese und andere ähnliche „Traumstatistiken" liegt zugrunde, dass wir nur in den REM-Phasen träumen. Wie bereits erwähnt, geht man heute aber davon aus, dass wir auch im überwiegenderen Non-REM-Schlaf intensiv träumen. Legt man zwischen Non-REM- und REM-Schlaf ein Verhältnis von fünf zu eins zugrunde, käme man auf rund 750. 000 Träume für einen 70-Jährigen – modellplatonisch gerechnet. Die *Traumempirie* beschäftigt sich seit der bahnbrechenden Studie der Psychologen Calvin Hall und Robert Van de Castle Mitte der 1960er Jahre (siehe Seite XX) dagegen mit beantwortbaren und beobachtbaren Zusammenhängen: wie Träume beschaffen sind, wie persönliche Traumerfahrungen allgemein charakterisiert werden können, welche Faktoren Träume auslösen und welche die Traumerinnerung beeinflussen. Dabei werden so unterschiedliche *Inhalte* der Träume wie ihr Realitätscharakter, ihre „Bizarrheit", Traumgefühle und -farben untersucht. Zudem interessiert sich die empirische Traumforschung dafür, ob und wie sich möglicherweise Träume von alten und jungen Menschen, Männern und Frauen oder von Gesunden und Kranken unterscheiden.[26]

Auch wenn der folgende Streifzug durch die Befunde der empirischen Traumforschung notwendig verkürzt ausfallen muss – er vermittelt auch so ein schillerndes Bild des Traums: Durch die wissenschaftliche Erforschung unserer nächtlichen Erlebniswelt wird deutlich, wie vielfältig der „Realismus" unserer Träume ist und wie eindeutig Wachen und Träumen zusammenhängen. Sie macht vor allem deutlich, dass Träume so etwas darstellen wie die kreative Fortsetzung des menschlichen Alltags im Traum – bei Jungen und Alten, Männern und Frauen.

Beispielhaft für die Ergebnisse der Traumempirie sei hier die Antwort eines zehnjährigen Mädchens auf die Frage genannt, ob sie eine Vorstellung hätte, warum man träumt: „Wir träumen, damit es uns in der Nacht nicht langweilig ist." Dazu bemerkt die langjährige Traumforscherin Inge Strauch: „Diese Aussage trifft die Funktion des Traums im weitesten Sinn, denn sie verweist auf die niemals schlafende Fähigkeit des menschlichen Geistes, die Kontinuität des Erlebens herzustellen, wenn die Wahrnehmung der Außenwelt in den Hintergrund tritt."[27]

Traumgründe: Tagesreste und andere Quellen.

Aus welchen Quellen speist sich der Traum? Die psychologische Traumforschung kennt heute sieben Quellen, die mehr oder weniger stark die Trauminhalte beeinflussen:

1. äußere Reize,
2. Lebenssituation,
3. Tageseindrücke/-reste,
4. Erinnerungen,
5. Aspekte der Persönlichkeit, 6. telepathisch-„hellseherische" und
6. archetypische Bilder.

Dabei spielen die Tageseindrücke im Zusammenhang mit persönlichkeitspsychologischen Faktoren wie Geschlecht, Kreativität oder Intelligenz und der Lebenssituation die größte Rolle, zusammen machen sie etwa 80 Prozent aus – wobei weiter zurückliegende Erfahrungen seltener im Traum auftauchen als aktuelle Geschehnisse.

Studien der Traumforscherin Barbara Meier bestätigen detailliert, wie wichtig zeitliche Nähe – der freudsche „Tagesrest" – bezüglich der Traumquellen ist. Demnach kommen in unseren

Träume zu fast 30 Prozent Personen, über 20 Prozent Traumszenerien und über 30 Prozent Traumgegenstände vor, die unmittelbar mit dem zu tun haben, was am Vortag erlebt wurde. Addiert man die am Tage erinnerten Bezüge zu geträumten Personen, Orten und Dingen, dann erhöht sich der Anteil der Tagesreste auf über 50 Prozent für Traumpersonen, und jeweils rund 40 Prozent für Traumszenarien und Traumobjekte. Kurz: „Träume", so Traumforscherin Meier, „greifen also für ihre Akteure, Kulissen und Requisiten häufig auf erlebte oder vergegenwärtigte Tagesreste zurück."[28] Direkte Befragungen der Träumenden bestätigen dies: Fast jeder Zweite meint, dass in seinen Träumen unmittelbar eine reale Begebenheit des Vortags bearbeitet würde.

Dieser Anteil erhöht sich auf weit über 60 Prozent, wenn man zudem die Verknüpfungen der Traumthemen zu innerlich Erlebtem berücksichtigt. Insgesamt zeigt sich, dass der Traum nicht primär neue Erfahrungselemente aus dem Wachen aufgreift, sondern bevorzugt „ältere, vertraute Inhalte", die jedoch kürzlich wieder durch Kontakt oder Erinnerung aktualisiert wurden.

Die wichtigsten Quellen des Traums sind also Elemente, die auch im Wachzustand zugänglich sind und kürzlich erinnert wurden „Wachen und Träumen stehen in Kontinuität", so Meier, das Material der Träume ist die Erfahrung des Wachens."[29] Gleichzeitig sind äußere Reize wie der tickende Wecker in der Nacht sehr viel unbedeutender als man früher annahm. Und telepathische, die Zukunft „voraussagende" und klassisch archetypische Träume kommen nur extrem selten vor. „Wer solche Träume allerdings hat", betont Traumforscher Michael Schredl, „ist davon schwer beeindruckt und überzeugt."[30]

Realitätscharakter: Wirklichkeitsnah oder absurd?

Die Meinung, dass Träume bizarre, gar halluzinative Hirngespinste seien, ist weit verbreitet, doch die neueren Studien der letzten Jahre zeigen ein völlig anderes Bild. So wirkt nach Untersuchungen der Schweizer Traumforscherinnen Inge Strauch weniger als jeder zwanzigste Traum „rein fantastisch" oder gänzlich realitätsfremd.[31] Die meisten Träume werden vielmehr als wirklich oder deutlich wirklichkeitsnah empfunden: So erlebt jeder Dritte seine Träume als realistisch, während jeder Zweite sie als „realistisch erfunden" einstuft:

- *Realistisch*: Träume werden als realistisch eingestuft, wenn sie im Wachen hätten eintreten
  können (gut 30 Prozent der Versuchspersonen; „Ich gehe in der Fußgängerzone einkaufen").
- *Erfinderisch*: Vertraute Wacherfahrungen werden in ungewöhnlicher, aber sinnvoller Weise zusammengestellt (50 Prozent; „Ich gehe im Bademantel in der Fußgängerzone einkaufen").
- *Teils fantastisch*: Wirklichkeitsbezogene und bizarre Elemente stehen nebeneinander (zehn Prozent; „Ich gehe mit Schwimmflügeln in der Fußgängerzone einkaufen und die Häuser verbiegen sich").
- *Fantastisch*: Es besteht keinerlei Beziehung zur Alltagswelt (vier Prozent).

Zudem tauchen bekannte Personen in etwa einem Drittel der erinnerten Träume auf, Fremde zu einem Viertel und nicht einzuordnende Menschen zu 20 Prozent.

Trauminhalte: Worüber träumen wir?

Über alles, könnte man die Befunde interpretieren, und einiges mehr: Unsere Träume wurzeln eindeutig in unseren realen Erfahrungen, können aber darüber hinausgehen. Die Elemente der Träume sind so alltäglich wie unser alltägliches Leben: ob Autofahren, Gespräche führen, Reisen oder Einkaufen, es gibt dabei kaum besonders typische oder häufige Motive. Individuell ist es ganz davon abhängig, was einen Menschen im Wachzustand gerade beschäftigt.

Demoskopie: Was die Deutschen träumen

Die Traumthemen der Deutschen hat das Allensbacher Institut für Demoskopie in einer repräsentativen Umfrage mit mehr als 2.200 Befragten im Sommer 2000 erhoben. Im Traum ist fast jeder vierte Deutsche weit weg, er träumt von Reisen (27 Prozent). Die wichtigsten Traummotive sind allerdings Arbeit und Beruf: Sie begleiten ein Drittel auch nachts in ihren Träumen (34 Prozent). An dritter Stelle der Traumthemen stehen Träume von Verstorbenen (22 Prozent) und Träume, in denen eine Art innerer oder äußerer Lähmung zum Ausdruck kommt: „Ich habe in letzter Zeit davon geträumt, dass ich laufen, mich bewegen will und es nicht kann", so beschrieben es in der Umfrage ebenfalls 22 Prozent der Träumenden.

Rund jeder Fünfte (19 Prozent) träumt von „viel Geld" – mit genau 20 Prozent bekannten ebenso viele, sich „nie oder fast nie" an ihre Träume erinnern zu können.

Im Vergleich zur letzten Umfrage von 1956 mit den gleichen vorgegebenen Kategorien träumt man heute stärker von der Arbeit (früher: 23 Prozent), von Reisen (14 Prozent) oder Geld (zehn Prozent). Der Ausbruch eines neuen Krieges beschäftigt dagegen weniger Menschen (sieben Prozent früher gegenüber aktuellen drei Prozent).

Bei diesen Umfragen waren die Themen der Träume – im Gegensatz zu Erhebungen in der empirischen Traumforschung – allerdings vorgegeben, wobei jeder Siebte angab, „andere Träume" zu haben. Zudem erscheint die Wahl der vorgegebenen Kategorien im Vergleich mit denjenigen der psychologischen Forschung relativ willkürlich, zeitlich überholt und etwas soziologisch hausbacken – so waren auch Trauminhalte wie „Feuer an der Front", „Kriegsgefangenschaft", „Fliegerangriffe" und „dass ich von anderen ausgelacht werde" (gleich bleibende drei Prozent) auf dieser Liste zu finden.

Traumerinnerung: Wie häufig träumen wir?

Obwohl Träume Wissenschaftler schon immer fasziniert haben, weiß man nur wenig darüber, wie häufig sich die Menschen überhaupt an ihre Träume erinnern. So gab es bis auf eine Schweizer Untersuchung in den 1970er Jahren keine repräsentativen Studien für die USA oder Europa.

Seit der Entdeckung des REM-Schlafes weiß man allerdings, dass jeder Mensch jede Nacht rund ein Fünftel in diesem Schlafstadium verbringt und – träumt. Trotz dieser

physiologischen (Vor-)Bestimmtheit des Träumens – unabhängig von den ebenso sicheren Non-REM-Träumen – sind die Unterschiede bei der Traumerinnerung sehr groß: Manche Menschen erinnern sich fast praktisch nie an ihre Träume, während andere fast jeden Morgen ihre nächtlichen Erlebnisse wiedergeben können. Von Studenten weiß man, dass sie durchschnittlich etwa ein bis zwei Träume pro Woche erinnern.
Für die Allgemeinbevölkerung zeigt eine aktuelle repräsentative Untersuchung aus Österreich, dass sich mit genau 68 Prozent zwei Drittel aller Erwachsenen mindestens an einen monatlichen Traum erinnern. In Deutschland ist nach der Allensbacher Traumumfrage die Traumerinnerung noch geringer: Jeder Fünfte weiß „nie oder fast nie", was er geträumt hat. Die Traumforscher konnten im Übrigen auch ein altes Vorurteil entkräften: Intelligente Menschen erinnern sich definitiv nicht häufiger an ihre Träume.
Besonders bemerkenswert sind Studien, die so genannte subjektive Einflussfaktoren ermitteln. Fragt man Menschen, ob ihnen bestimmte Faktoren aufgefallen sind, die die Zahl ihrer Traumerinnerungen erhöhen oder verringern, brachten verschiedene Untersuchungen der letzten Jahre die gleichen Ergebnisse. Demnach erhöhen vor allem vier Alltagsumstände die Traumerinnerung deutlich: belastende Lebensereignisse, traurige Stimmung/emotionales Aufgewühltsein, Ausmaß an geistiger Aktivität und Wechsel im Beruf/Studium. Das heißt: Je mehr Probleme wir in unserem Alltag erleben, desto häufiger erinnern wir uns an unsere Träume.

Traumwahrnehmung: scharf oder unscharf?

In aller Regel ist die Wahrnehmung unserer Träumen so real, wie wir die Welt im Wachzustand erleben – Traumforscher Schredl beschreibt dies mit den Worten: „Wir sehen keinen ‚Film' im Traum – der Film sind wir selbst." Unscharf und etwas verschwommen ist meist nur die Erinnerung an unsere Träume.

<u>Wie träumen Blinde? – Eine Studie</u>
Blinde erleben ihre Träume genauso intensiv wie Sehende. Denn ein Traum ist kein Film, der vor dem inneren Auge abläuft, sondern vielmehr Erleben. Liest man die Traumschilderung eines Blinden, kann man sie zunächst von der einer sehenden Person kaum unterscheiden. Auch Blinde berichten: „Und dann ging ich da und da hin, traf den und den, der dann das und das tat …" Allerdings sagen sie natürlich nicht: „Und dann blickte ich in den Himmel und sah dort …" Wer nach dem siebten Lebensjahr erblindet ist, kann im Traum noch sehr lange bildhafte Eindrücke haben. Bei den blind Geborenen stehen beim Träumen die anderen Sinnesqualitäten stärker im Vordergrund.
Dazu führte Luzia Kohler Hänny eine Studie mit zehn blinden oder stark sehbehinderten Menschen zwischen 26 und 63 Jahren im Schlaflabor der Universität Zürich durch – darunter eine seit ihrer Geburt vollblinde Frau, alle anderen konnten früher mehr oder weniger deutlich sehen, wobei vier Versuchsteilnehmer über einen kleinen Rest Sehfähigkeit verfügten. Alle Versuchsteilnehmer wurden während dreier Nächte nach der Art und der Deutlichkeit ihrer Traumwahrnehmungen und nach dem emotionalen Gehalt ihrer Träume gefragt. Insgesamt wurden 76 REM-Träume erhoben. Die Traumerinnerungshäufigkeit war mit knapp 90 Prozent ebenso hoch wie bei Sehenden. Die Studie ergab folgende zentralen Befunde:

- Geburtsblinde träumen nicht bildlich, sie hören vieles und haben berührungs- und bewegungsbezogene, also taktile und kinästhetische Traumwahrnehmungen.
- Nicht blind Geborene, vor ihrem fünften Lebensjahr Erblindete haben sehr ähnliche Traumwahrnehmungen wie Geburtsblinde.
  Dagegen bleiben bei vielen zwischen fünf und sieben Jahren Erblindeten bildhafte Wahrnehmungen im Traum bestehen.
- Träume später Erblindeter sind stark bildhaft, wobei die Wahrnehmungsdeutlichkeit die frühere Sehkraft widerspiegelt. Je länger allerdings die Blindheit besteht, desto blasser werden die Traumbilder.

Bilder spielen also auch in den Träumen Sehbehinderter eine zentrale Rolle: In 91 Prozent der erzählten Träume kamen Bilder vor – im Vergleich: Sehende haben in allen Träumen visuelle Wahrnehmungen. Auditive Elemente wurden ebenfalls in 91 Prozent der Träume wahrgenommen. Wesentlich seltener waren Traumberichte mit taktilen (67 Prozent) und kinästhetischen (61 Prozent) Wahrnehmungen; Träume mit Geruchs- und Geschmackswahrnehmungen gab es nur vereinzelt.
Blinde und stark sehbehinderte Personen sehen also in den meisten ihrer Träume Bilder – wie der von Kohler Jänny wiedergegebene Traumbericht eines 63- jährigen Mannes dokumentiert, der seit Geburt eine Sehschwäche hatte und mit 55 Jahren vollständig erblindet ist:
Es war irgendwo in einem ganz, ganz großen Bassin, in dem ist man gestanden. Und eben bis halb hinauf Wasser. Mein Sohn hat gesagt, er müsse jetzt mit dem Schäufelchen diesen Splitt, den er verkauft oder versprochen habe, oben abschöpfen. Er hat mit diesem kleinen Haushaltschäufelchen den Splitt hinausgeschöpft und in eine „Garette" gefüllt. Und ich stand dort, habe ihm zugeschaut. Er musste sich dann immer bücken und so mit dem Gesicht ins Wasser hinein. Als ich das gesehen habe, sagte ich: „Ja, das geht doch nicht, du musst doch nicht mit dem Kopf ins Wasser." (...) Ich ging diese Schneeschaufel holen und so musste man mit dem Kopf nicht mehr ins Wasser.
Und: *Jetzt kann ich mich sogar erinnern, ich habe dir einen Moment ins Gesicht geschaut. Und habe dich als diejenige erkannt, die ich gestern Abend kennen gelernt habe. Mit einem Gesicht sogar. Ja, ich habe dich angeschaut. Ja, du hast also, ich könnte keine Einzelheiten angeben, aber ich habe dir ins Gesicht geschaut. Habe mit meinen Augen dir ins Gesicht geschaut und habe dich erkannt.*[32]
Traumforscherin Kohler Hänny berichtet gar von Bildern im Traum einer blind Geborenen – was in der Forschung noch nie beobachtet wurde. Diese seit Geburt vollblinde Frau gab an, in 60 Prozent ihrer Träume visuelle Wahrnehmungen zu haben. „Allerdings müssen ihre Angaben vorsichtig interpretiert werden", betont die Traumforscherin, da ihre Art von bildhafter Traumwahrnehmung eher als „quasi-visuell" verstanden werden muss. Ein Ausschnitt aus einem ihrer Traumberichte:
Ich habe die Gegenstände in diesem Raum gesehen. Man könnte auch sagen, ich habe sie realisiert. Also, es hat zwei Betten dort drin, einen Schrank und ein Gestell mit einem Vorhang davor. Ich habe vor allem meinen Vater, aber auch meine Mutter und meine Schwester sprechen gehört. Und was sie gesprochen haben, habe ich auch gehört, es waren Sachen, die mit der Pflege von meiner Schwester zu tun hatten. Meine Mutter und mein Vater

haben sich auch bewegt. Ich könnte sie nicht beschreiben, wie sie aussehen. Aber doch würde ich meinen, die Bewegungen habe ich gesehen.
(...) Ich habe den Boden gespürt unter den Füßen, ich habe die Türfalle berührt und ich habe im Zimmer gesehen, was herumsteht, sodass ich nicht in die Gegenstände hineingelaufen bin. Aber Farben habe ich nicht wahrgenommen.
Mit Ausnahme dieser seit Geburt Blinden berichteten alle anderen Teilnehmer von farbigen Träumen. Wie der folgende Traumbericht einer seit fünf Jahren völlig ohne reale Farbwahrnehmung lebenden Blinden dokumentiert, zeigen auch die Träume Sehgeschädigter sehr differenzierte Farben:
Die Steine waren farbig. Rot hat völlig gefehlt, blaue Nuancen, Grau und Weiß waren da. Die Schaufel war bläulich. Du warst auch farbig, es waren ganz schwache Pastellfarben. Der Sohn hat auch zwei Farben gehabt: Der Oberkörper war hell, die Hosen waren dunkler, blau, grau oder schwarz.[33]
Besonders auffällig war zudem, dass Blinde und stark Sehbehinderte über deutlich mehr positive und weniger negative Traumgefühle berichteten. So beschrieben sie für die Mehrheit ihrer Träume positive Gefühle, für weniger als ein Fünftel negative Gefühle. Deutlich stärker war bei Blinden und Sehbehinderten die Intensität der Traumgefühle im Vergleich zu den Sehenden, wobei sich ein deutlicher Zusammenhang zwischen der Gefühlsstärke und der Deutlichkeit bildhafter Traumwahrnehmungen zeigte. Dies könnte auch die Gefühlsintensität erklären: Gerade wegen ihrer Behinderung haben Blinde eine besondere Beziehung zu visuellen Traumbildern.

Traumgefühle

Die auch in Fachkreisen weit verbreitete Ansicht, in unseren Träumen herrsche ein deutliches, bis zu vierfaches Übergewicht an negativen Emotionen und Stimmungen vor, wurde von der neueren Forschung ebenfalls widerlegt: Das Verhältnis ist zumindest ausgeglichen.
Zahlen über einzelne Traumemotionen aus einer Studie von Inge Strauch[34] (1992): Freude (zwölf Prozent), dagegen negative Gefühle wie Ärger (8,9 Prozent), Angst (8,5 Prozent), Stress (7,1 Prozent) und Verwirrung (4,7 Prozent). Eher neutrale Gefühle wie Interesse und Überraschung werden mit 8,5 beziehungsweise 3,9 Prozent notiert.
In einigen anderen Studien wurden positive Gefühle sogar häufiger genannt. So berichtet Michael Schredl (1999b) von einer Studie mit 133 Teilnehmern zusammenfassend von knapp 50 Prozent „überwiegend negativen“ Gefühlen, fast 40 Prozent „vorwiegend positiven“ Gefühlen und rund zehn Prozent „ausgeglichenen“ Gefühlen“. Bemerkenswert ist dabei auch der verschwindend geringe Anteil von Träumen ohne Gefühle: Exakt 0,8 Prozent aller Träume waren gefühlsfrei.[35]

Traumsinne

Bei Gesunden sind die Trauminhalte praktisch immer bildhafter, meist auch akustischer Natur. Während in etwa 20 Prozent von taktilen Körperempfindungen wie Anfassen, Berühren oder Streicheln berichtet wird, bleiben geträumte Geschmacks- oder Geruchswahrnehmungen mit jeweils unter einem Prozent die Ausnahme. Überraschenderweise sind so genannte kinästhetische, bewegungsbezogene Reize wie

Schweben, Fliegen oder Fallen bisher nicht genauer untersucht – in der Allensbacher Traumumfrage berichtete allerdings jeder zehnte Deutsche, dass er im Traum fliegt, und jeder zwanzigste, dass er „auf der Straße hinfällt".

Traumfarben

Lange Zeit glaubte man, dass Träume überwiegend in schwarz-weiß geträumt werden – ein Irrtum, wie die neuen Daten zeigen. Demnach träumen wir ebenso bunt, wie wir unsere Welt wahrnehmen, lediglich der jeweilige Hintergrund des „Traumfilms" erscheint farblich mitunter etwas blasser oder ungesättigter als in Wirklichkeit.

Kinderträume

Träumen Kinder anders als Erwachsene? Ja. Obwohl man nicht weiß, wie und was Säuglinge in ihren sehr langen REM-Schlafphasen träumen, gibt es zwischen kleinen und größeren Menschen deutliche Unterschiede: So träumen Kinder mehr von Tieren und erleben häufiger Alpträume als Erwachsene. Kleine Kinder halten ihre Träume in aller Regel auch für „wirklich": Erst ab sechs Jahren können neun von zehn Kindern Träume von der Alltagswirklichkeit unterscheiden.

Nach einer umfassenden Langzeitstudie – man beobachtete die Entwicklung bei den Teilnehmern über sechs Jahre hinweg – mit 24 Kindern im Anfangsalter zwischen neun und elf Jahren bilanzierte die Psychologin Nora Kaiser, dass sich Kinder „wie Erwachsene in ihren Träumen mit Dingen beschäftigen, die sie auch im Wachen interessieren". Ihre Traumwelt sei keine fantastische Wunschwelt, sondern befasse sich mit der „Bewältigung von sozialen Schwierigkeiten im Alltag und der Entwicklung der eigenen Persönlichkeit".[36]

So spielten weniger als zehn Prozent aller Kinderträume in einer „Fabelwelt" – die Kinder träumten ebenso häufig wie die Erwachsenen von Freizeit- und Alltagssituationen. Bei älteren Kindern in der Pubertät und danach gleichen sieben von zehn Träumen einem völlig alltäglichen Szenario.

Psychologisch besonders interessant sind bestimmte Unterschiede bei den Träumen von Mädchen und Jungen und von extra- und introvertierten Kindern – extrovertierte Kinder sind gesellig und offenoptimistisch eingestellt, während introvertierte Kinder sich eher zurückhaltend und distanziert verhalten.

Geschlechtsspezifisch ist auffällig, dass in den Mädchenträumen auf jeder Altersstufe mehr gesprochen und kommuniziert wird als in den Jungenträumen. Gleichzeitig bewältigen Jungen problematische Traumsituationen meist aus eigener Kraft oder durch Unterstützung anderer, während bei Mädchenträumen unangenehme Vorfälle „durch Zauber, glückliche Wendungen oder plötzliches Verschwinden der Störung wieder in eine angenehmere, unbeschwerte oder neutrale Richtung gelenkt werden", wie Kaiser betont.

Mädchen können sich außerdem häufiger als Jungen an ihre Träume erinnern und diese auch sprachlich besser beschreiben. Insgesamt sind die Träume von Jungen realistischer als die von Mädchen: Während Jungen häufiger von realen Erlebnissen träumen, kommen bei Mädchen andere Aspekte hinzu.

Bei intro- und extravertierten Kindern zeigen die Trauminhalte und prozesse noch größere Unterschiede: So haben die Träume der zurückhaltenden, distanzierten Introvertierten ein vergleichsweise deutlich höheres Konfliktpotenzial mit mehr Auseinandersetzungen,

Verfolgungen und Kampf, wobei die introvertierten Träumer auch mehr Rivalitäten und Ausgrenzung erleben. Introvertierten Kindern gelingt die „Bewältigung von unangenehmen Ereignissen für das Traum-Ich und die Wende zu einem positiven Träumenden seltener“, so die Traumforscherin. Dagegen erfahren extravertierte Kinder in ihren Träumen weniger belastende und unangenehme Situationen.
Gibt es dennoch Schwierigkeiten, bewältigen sie diese meist aktiv.

Altersträume: die späten Träume

Welche Erfahrungen spiegeln sich in den Träumen älterer Menschen? Wie sieht die Traumwelt in den reiferen Jahren aus?
Eine Untersuchung von Inge Strauch mit Senioren im Alter zwischen 66 und 78 Jahren brachte Klarheit. Wesentliche Erkenntnis: Alte Menschen träumen (noch) wirklichkeitsnäher als jüngere. Entgegen gewissen Vorurteilen kommen negative Traumgefühle nicht häufiger vor: Die Auswertung später Träume zeigte, dass unangenehme Erlebnisse, Misserfolge oder unglückliche Ereignisse nicht häufiger auftraten. Jeder vierte Traum wurde als neutral erlebt, in den übrigen Träumen waren positive und negative Gefühle annähernd gleich verteilt.
In ihrer Studie arbeitete die Traumforscherin mit einem Traumtagebuch – die älteren Menschen, die sich im Allgemeinen gut an ihre Träume erinnern, notierten zu Hause, was und wie sie geträumt hatten. Da Ältere einen leichteren Schlaf haben, wachten die Teilnehmer nachts häufiger auf und konnten sich oft in einer Nacht an mehrere Träume erinnern.
Warum orientieren sich die Träume älterer Menschen primär an der Wirklichkeit? „Vielleicht hat die lange Lebenszeit gefestigtere Gedächtnisspuren hervorgerufen“, vermutet Strauch, „die sich in dem veränderten Bewusstseinszustand des Schlafes weniger lockern können.“[37] Oder die Träume zeigen dann stärker das tägliche Leben, wenn man auch im Wachen darauf konzentriert ist und sich weniger Ausflüge in die Fantasiewelt gestattet.
Thematisch spiegelten die Träume der Senioren altersspezifische Interessen ihres gewohnten Alltagslebens wider, wobei alltägliche Betätigungen doppelt so häufig vorkamen wie Freizeitunternehmungen und Aktivitäten in Haus und Garten, Gespräche und Unterwegssein dominierten. Geschlechtsspezifisch ging es bei Frauen häufig um den Haushalt mit Einkaufen, Kochen und Bewirten, während Männer neben Handwerk und Sport stark von ihrer früheren Berufstätigkeit träumten. „Fantastische“ Träume oder gar Traumabenteuer, die in Kinderträumen eine gewisse Rolle spielen, kamen im Alter praktisch nicht mehr vor.
Dass jeder vierte Traum der älteren Menschen Umgebungen und Personen aus der Vergangenheit inszenierte – wobei im Vergleich in den Träumen junger Erwachsener Kindheit und Jugend seltener erscheinen –, erklärt die Traumforscherin dadurch, dass „bei längerer Lebenszeit die Erinnerungen reichhaltiger sind und auch im Wachen auf früheres Erleben immer wieder Bezug genommen wird“.[38]
Die Träumer befanden sich wieder in ihrem früheren Beruf, sie erlebten sich und ihre Kinder als jünger, der verstorbene Gatte war präsent oder sie befanden sich an Orten, die sie vor vielen Jahren zuletzt gesehen hatten.
In dieser Vergangenheitsorientierung überrascht allerdings der Befund, dass die Erinnerungen und Erlebnisse im Traum nicht bis in die Kindheit zurückgingen, sondern nur

bis ins dritte Lebensjahrzehnt. Warum dies so ist, wird von der Traumforscherin nicht interpretiert.
Bei den Traumprozessen fällt auf, dass die Träume im Alter zwar auch stark handlungsorientiert sind, aber eindeutig (un-)freundliche Interaktionen nur in jedem zweiten Traum vorkommen, wobei Freundlichkeiten wie Lob, Geschenke oder Hilfeleistungen häufiger sind als aggressive Handlungen wie Kritik. Im Vergleich zu den Träumen jüngerer Menschen nimmt die Häufigkeit von physischen Aggressionen besonders ab.
Nach Geschlechtern ausgewertet zeigten die Träume von Männern und Frauen mehr Gemeinsamkeiten als Unterschiede. Allerdings fand sich auch bei den Senioren der für alle jüngeren Altersgruppen geltende Unterschied, dass Männer häufiger als Frauen von Männern träumen. Wie bei den Jungen waren zwei von drei Traumfiguren der alten Männer männlich, während bei den Seniorinnen männliche und weibliche Traumpersonen gleich häufig vorkamen.

Männer und Frauen: auch im Traum unterschiedlich?

Ja, lautet die Antwort der Traumforscher – oder jein, wenn man die Unterschiede relativiert und differenziert betrachtet. Wie Traumforscher Bill Domhoff berichtet, träumen Männer in praktisch allen Kulturen und Gesellschaften häufiger von Gewalt als Frauen – ebenso auffällig sind die unterschiedlichen Verhältnisse der geträumten Beziehungen: Während Frauen ebenso oft von Männern und Frauen träumen, erscheinen in den Männerträumen Geschlechtsgenossen doppelt so häufig wie Frauen. Gängige Interpretation: Männer träumen deshalb mehr von anderen Männern, weil für sie die „männliche Welt“ besonders wichtig ist und ihr Selbstbild stärker durch Männer bekräftigt oder in Frage gestellt werden kann.
Relativ deutlich scheint auch zu sein, dass sich Frauen im Allgemeinen besser an ihre Träume erinnern als Männer. Jüngst bestätigte dies Traumforscher Michael Schredl. Die Teilnehmer seiner Studie urteilten auf einer siebenstufigen Skala – Erinnerung von „fast jeden Morgen“ bis „gar nicht“ –, wie oft sie sich in den vergangenen Monaten an ihre Träume erinnern konnten. Wie sich zeigte, ist die Traumerinnerung von Frauen deutlich ausgeprägter.
Diese Unterschiede waren allerdings eindeutig altersabhängig: Junge Frauen konnten sich häufiger an ihre Träume erinnern als junge Männer. Bei älteren Versuchsteilnehmern egalisierte sich der geschlechtsspezifische Unterschied.
Geschlechtsunterschiede in Träumen wurden erstmals in einer der bislang größten und bahnbrechenden Untersuchung der amerikanischen Psychologen Calvin Hall und Robert Van de Castle festgestellt.
Die Traumforscher hatten in den Nachkriegsjahren 1948 bis 1952 die Träume von über 1.000 Versuchspersonen erhoben, die Auswertung wurde 1966 veröffentlicht:

- In Männerträumen zeigten sich demnach mehr „Outdoor“-Handlungen, häufiger Männer als agierende Traumfiguren, mehr unbekannte Personen sowie physische Aggression, Waffen und Sexualität.
- In Frauenträumen dagegen fanden sich etwas häufiger bekannte Traumpersonen, stärkere Emotionen oder Themen wie Kleidung und Haushalt.

Jahrelang galten diese geschlechtsspezifischen Unterschiede als sicher. Demnach träumen Männer eher Träume, in denen Aggressionen, sexuelle Erlebnisse, Leistungsstreben und deutlich ausgeprägtere Feindseligkeiten vorkommen, während Frauen von ihren Träumen stärkere Emotionen und mehr handelnde Personen erinnern, die in eher freundlicher Interaktion um familiäre Themen stehen.
In den letzten Jahren ist die Kritik an vermeintlich feststehenden Unterschieden der Träume und Trauminhalte von Männern und Frauen allerdings gewachsen. So betont der Mannheimer Traumforscher Michael Schredl, dass allein wegen gravierender methodischer Schwächen – Stichprobengröße, Zusammensetzung etc. – eine Verallgemeinerung der unterschiedlichen Männer- und Frauenträume nicht ohne weiteres zulässig sei. So galt jahrelang, dass Frauen intensiver träumen, weil sie über mehr Emotionen berichten. Wie Schredl zeigen konnte, gilt dies aber nicht absolut: In der tatsächlichen Selbsteinschätzung der jeweiligen Gefühlsintensität sind Frauen und Männer gleich. Schredl betont, dass es zudem viele Eigenschaften gibt, bei denen keinerlei geschlechtsspezifische Unterschiede festzustellen seien. So sind Männer- und Frauenträume auch vom formalen Aufbau vergleichbar, zum Beispiel in Bezug auf Traumlänge, die Art der in den Träumen vorkommenden Probleme, Realitätsnähe des Traumes, verbale und physische Interaktionen.

In den letzten Jahren konnten Traumforscher, darunter die amerikanische Psychologin Krisanne Bursik, wiederholt zeigen, dass nicht das biologische Geschlecht, sondern kulturell geprägte Geschlechtsrollen bestimmen, was Männer und Frauen träumen. Die Vorstellung, Männer und Frauen träumten von Natur aus unterschiedlich, ist infolge der tiefgreifenden Veränderungen gesellschaftlicher Verhaltensnormen unhaltbar geworden – wie folgende Beispiele verdeutlichen:

- Berufstätige Mütter träumen häufiger „männliche Träume“, in denen mehr Männer auftauchen und sie auch als Hausfrauen mit starken Aggressionen konfrontiert werden.
- Bei jungen Männern und Frauen zeigen sich keinerlei geschlechtlich bedingte Unterschiede ihrer Träume – bei beiden sind die jeweiligen Umgebungen, Personen und sexuellen oder aggressiven Traumhandlungen ähnlich.

Wie die Traumforscherin Bursik betont, muss dennoch ein besonderer geschlechtsspezifischer Unterschied beachtet werden, der darin liegt, ob der Träumer im Traum eine „maskuline“ oder eine „feminine“ Geschlechterrolle übernimmt. So träumen junge Männer und Frauen mit einer stärker ausgeprägten maskulinen Attitüde oder Lebenseinstellung stärker von aggressiven Handlungen und werden gleichzeitig öfter zum Ziel physischer Übergriffe. Warum aber Frauen in ihren Träumen häufiger als Männer mit Misserfolgserlebnissen zu tun haben, ist noch ungeklärt.
Allgemeine Persönlichkeitsfaktoren und Geschlechtsunterschiede haben also nur oberflächlich betrachtet einen deutlichen Einfluss auf die Träume. Wenn Männer mehr von anderen Männern, Aggressionen, Wettbewerb oder Sexualität träumen, während Frauenträume stärker von Beziehungen oder Stimmungen geprägt sind, dann spiegeln diese Träume insgesamt wieder, was im Wachbewusstsein dominiert. Und das eben geschlechtsunabhängig.
Neue Befunde aus der Traumforschung signalisieren, dass die Unterschiede nicht biologisch begründet sind, sondern vielmehr als Ausdruck der jeweiligen Lebenswelten verstanden

werden muss – was Mann und Frau also tagsüber machen, mit wem sie zusammen sind, welche Probleme sie beschäftigen und so weiter. Das heißt, dass die geschlechtsspezifischen Unterschiede des Träumens nur aufgrund jeweils unterschiedlicher Sozialisation bestehen: „Es existieren aber keinerlei Geschlechtsunterschiede des Traumes", so Traumforscher Schredl, „sondern nur des Wachens, die sich im Traum wiederspiegeln."[39]
Soweit die *Fakten* zu allgemeinen Fragen nach Trauminhalten, -erinnerungen und geschlechts- oder altersspezifischen Unterschieden. Wichtigste Erkenntnis: Menschen träumen in der Regel von emotional bedeutsamen Inhalten, die mit ihrem Denken und Fühlen im wachen Bewusstsein übereinstimmen. Es zeigt sich eine Kontinuität zwischen Wachdenken und Traumerleben: Menschen gestalten und erleben ihre Träume meist so, wie sie ihre Welt und sich selbst im Wachen erleben.
Wie erklärt die moderne Traumforschung aber die *Funktionen* unserer Träume? Haben sie überhaupt Sinn und Zweck? Die Antwort ist eindeutig: Träume sind in praktisch jeder Lebensphase lebensnotwendig – vor allem helfen sie uns, Probleme jeder Art zu lösen.

Traumfunktionen: komplexe Lebenshilfe

Die Befunde der empirischen Traumforschung spiegeln sich in den Ergebnissen einer Studie des kanadischen Forschers Don Kuiken wider, der bestätigen konnte, dass Träume dazu führen, dass sich ein Leben verändert – sie bieten ganz praktische Lösungen an. So fand Kuiken heraus, dass Träume

- die Tagesstimmung beeinflussen,
- bei der Lösung von persönlichen Problemen helfen,
- die Kontaktsuche zu einer Person fördern, von der man geträumt hat,
- Ideen für kreative Tätigkeiten enthalten und
- mitunter die Zukunft vorhersagen.

Von vermeintlichen Zufälligkeiten, Abstrusitäten oder halluzinativen Prozessen beim Träumen ist bei all dem keine Spur mehr zu finden: Der Traum gilt als wertvolle Hilfe, um das eigene Leben sinnvoll zu gestalten: „Die häufigste Funktion des Traumes", bilanziert Traumforscher Kuiken, „ist die Ermutigung zum Leben."[40]

Traumbewusstsein

Die lange Zeit vorherrschende Sichtweise, den Traum als abstruse oder zufällige Randerscheinung unseres Seelenlebens abzutun, erscheint nicht mehr haltbar: Die neueste Forschung beweist, dass wir unser Dasein im Träumen und Wachen strukturell ähnlich erleben – und das das Träumen wichtige Lebensfunktionen erfüllt. Studien des Stanford-Psychologen Philip Zimbardo beispielsweise zeigen, wie sehr sich Fühlen, Denken und Wissen im Träumen und Wachen ähneln: Das Traumbewusstsein ist wie das Tagesbewusstsein hochkomplex und voller metaphorischer „Meta-Kognitionen" – reflexive Selbstkritik oder Wahlentscheidungen kommen im Traum sogar häufiger vor. Träume von Erwachsenen haben für Traumforscher Michael Schredl vom Schlaflabor des Mannheimer Zentralinstituts für Seelische Gesundheit eine „hohe Ich-Beteiligung, deutlichen Realitätsbezug, ausgewogene Gefühle und sind durch vorwiegend visuelle und auditive Eindrücke gekennzeichnet".[41]

Natürlich träumen Menschen auch bizarre Träume von absurd erscheinenden Verwandlungen, sie können auf einmal fliegen, sehen sehr exotische Farben oder erleben andere, für das Tagesbewusstsein etwas absurd erscheinende Phänomene wie veränderte Raum- und Zeitbezüge. Dennoch hat die empirische Traumforschung in den letzten Jahren ein sehr klares Bild davon gewonnen, dass die Trauminhalte bedeutend wirklichkeitsnäher sind und dass zwischen „Traum-Ich", dem Erlebenden im Traum, und dem Wach-Ich ein engeres Verhältnis besteht, als bisher angenommen: Sie sind in aller Regel identisch. Die meisten Menschen sehen nachts daher auch keinen vermeintlich absurden „Traumfilm" in der Rolle als Zuschauer, wie viele glauben, sondern sie erleben das Traumgeschehen als genauso wirklich wie das Leben im Wachen: Der Film sind sie selbst – es geht um ihr Leben. Dieser fundamentale Wandel ist tatsächlich revolutionär – die praktischen Auswirkungen der sich in den Träumen vollziehenden Problemlösungen sind weitreichend: Träume sind komplexe "Lebenshilfen" für komplexe Lebensprobleme. So galt der Traum wie bereits dargelegt in der biologisch und neurologisch orientierten Forschung jahrzehntelang als eine Art biochemischer Schaum: Nach der bereits erwähnten „Aktivations-Synthese-Theorie" (siehe Seite XX) werden Träume durch spontane Hirnaktivierungen während des REM-Schlafes ausgelöst und reinigen – wie bei einem nächtlichen Hausputz – das Gehirn von den Spuren der Tagesaktivitäten. „Wir träumen", so die prägnante Botschaft der Forscher, „um zu vergessen." Dabei entstehen vollkommen zufällige, absurde oder bizarre Bilder, die erst nachträglich vom Großhirn als irgendwie sinnvoll interpretiert werden. Eine psychologische, symbolhafte oder sonst wie „tiefere" Bedeutung wird dem Träumen bewusst abgesprochen. Das Gehirn regeneriere sich im Traum, bringe aber keinerlei psychische oder gar seelische Faktoren ein, da das Großhirn erst im Nachhinein die Bilder des bioelektrischen Hausputzes mit einem psychologisch gefärbten Sinngewebe überziehe.

Die spektakuläre Lehre Sigmund Freuds und andere tiefenpsychologische Konzepte dagegen, in denen Träume als symbolisch verschlüsselte Botschaften des Unbewussten verstanden werden, seien völlig unsinnig. Die neurophysiologischen Elektrogewitter während des nächtlichen REM-Traums dienten nur dazu, die zerebralen Leitungen von Tagesschlacken zu reinigen. Das „Hausputz-Modell" als Traumerklärung wurde allerdings mit den Befunden der vielfach als bahnbrechend beurteilten neuen Forschung als fauler Zauber enttarnt: Eine streng neurophysiologische Begründung für das Traumgeschehen ist absurd.

Wie schon dargelegt, ist das Träumen auch keinesfalls auf den REM-Schlaf beschränkt: Menschen träumen ganz im Gegenteil selbst dann noch, wenn es wegen Funktionsausfälle im Hirnstamm keinerlei REM-Schlafphasen mehr gibt. Die Frage, ob Menschen auch ohne REM-Schlaf träumen, wurde in der Forschung vorher nicht gestellt – zu selbstverständlich war die vermeintlich sichere Erkenntnis: REM-Schlaf gleich Traumschlaf.

Insgesamt bleibt mit diesen und einer Reihe weiterer Befunde von den Grundlagen des neurophysiologischen Traummodells nichts mehr übrig: Der „Traummotor" ist nicht rein physiologischer Natur. Dem „blinden Physikalismus" sei nun endgültig der Boden entzogen, fasst Traumexperte Wolfgang Leuschner vom Frankfurter Sigmund-Freud-Institut die neuen Erkenntnisse zusammen, das Seelische könne nicht mehr länger dem Primat der Physiologie unterworfen werden – beim Träumen laufen vielmehr alle höheren Regulationsmechanismen der Psyche auf Hochtouren.[42]

Die Erklärung etwa, dass Menschen im Traum fliegen, weil der REM-Schlaf die motorischen Areale im Kleinhirn anrege, folge wie viele andere neurophysiologischen „Traumdeutungen" der Logik, „wer Opel fährt, nimmt auch Trinkgeld". Vor allem träumen wir nicht, um zu vergessen – im Gegenteil, im Traum sind wir geradezu hellwach: Das Träumen aktiviert und integriert viele emotionale, bildhaftsymbolische und kognitive Dimensionen unserer Persönlichkeit. Das Träumen ist wie das tagesbewusste Denken oder Fühlen, ein hochkomplexes psychisches Phänomen, das lebenswichtige Funktionen erfüllt. Jeder Versuch, Träume auf einer monokausalen, rein physiologischen Ebene zu deuten, gleicht daher einem Rückfall in „autistisches Denken".

Wie Träume wirken

Die Befunde der modernen Traumforschung sind deutlich: Unsere Träume helfen uns, Probleme zu lösen, und sie verschaffen uns tiefe emotionale Einsichten in unser Leben – und in unsere Seele. Träume wirken gedächtniskonsolidierend, tragen dazu bei, Stress zu verarbeiten, und regulieren unsere Stimmungen. Und sie sind Identitätsstabilisatoren.
Tatsächlich weiß die empirische Forschung mittlerweile, dass sich Menschen im Traum in aller Regel genauso wie im Wachen erleben: Die vielen Parallelen des Traumbewusstseins zum Wachbewusstsein beziehen sich meist darauf, was während des ganzen Lebens ohnehin im Mittelpunkt steht: zu lernen. Träume dienen wie das Denken dazu, komplexe Probleme oder „Stress" zu erkennen, zu verarbeiten und Sinn zu finden. Dabei spielt die Annahme keine Rolle mehr, dass der Traum ein unbewusster, „dunkler", nur schwer zu fassender oder begreifender Gegenspieler des „hellen" Bewusstseins wäre. Der Traum ist ein Erlebnis wie jedes andere auch – und genauso, wie man versucht, aus Wacherlebnissen zu lernen, kann man auch aus Träumen klüger werden.
Wie dargestellt wurde, ist das Spektrum der Trauminhalte groß: So verarbeiten wir nachts neben äußeren Reizen wie der Musik des Nachbarn und aktuellen Tageseindrücken – Freud sprach von „Tagesresten" – häufig und vor allem komplexe Lebenssituationen: In Träumen sorgen wir für unsere Persönlichkeitsentwicklung, beschäftigen wir uns mit guten oder weniger guten Erinnerungen und mit Lebensaufgaben. Dabei kann in Ausnahmesituationen auch die Zukunft oder eine archetypische Dimension ins Spiel kommen: Die in der Traumforschung bis vor kurzem belächelte Idee, dass Träume prinzipiell auch „prophetisch" sein können, gilt nun als empirischer Befund: „Das Traumbewusstsein", bilanziert Traumforscher Michael Schredl nach der Analyse tausender Träume, „kann die Zeitachse überblicken."[43]
Wie hilfreich Träume sein könnten, signalisiert eine bisher einzigartige englische Studie mit Herzkranken von 1997, in denen viele Träume die späteren Patienten vergeblich vor der drohenden Lebensgefahr warnten. Für andere Traumforscher wie Ernest Hartmann erschließt sich die bedeutungsvolle Traumwelt als Therapie: Die Forschung belegt, dass der Traum auch im Alltagsleben eine *therapeutische* Funktion erfüllt und uns gut tut. So zeigten Frauen, die nach einer belastenden Scheidung an einer achtwöchigen „Traumbehandlung" teilnahmen, ein im Vergleich deutlich verbessertes Selbstwertgefühl. Wie bedeutsam Träumen für unser Seelenleben ist, dokumentieren Untersuchungen, wonach Menschen verstärkt träumen, wenn sie intellektuell stark beansprucht sind oder emotional belastende

Lebensereignisse verarbeiten müssen. Befunde des amerikanischen Traumforschers Harry Fiss belegen, dass Träume nicht nur stressbewältigend und stimmungsregulierend wirken, sondern uns vor allem helfen, „neue psychische Strukturen zu organisieren“.
Die Fakten aus der Forschung weisen sehr deutlich darauf hin, dass der Traum eine komplexitätsbewältigende und -integrierende Funktion innehat, die lebenswichtig ist. Ob dieser Ergebnisse von einer schulengebundenen Perspektive zu sprechen, wäre daher nicht mehr angemessen. Wie tiefgreifend und unaufhaltsam sich gerade in der neuen empirischen Traumforschung der Erkenntnis- und Paradigmenwechsel vollzieht, wird daran deutlich, dass auch viele Neurophysiologen umzudenken beginnen. Physiologische Faktoren werden nur noch herangezogen, um formale Unterschiede zwischen Träumen und Wachen wie ungewöhnliche Bewegungsabläufe im Traum zu verstehen. Der eigentliche Trauminhalt selbst wird aber als psychologisch bedeutsam und personspezifisch begriffen.

Träume: Multifunktionale Lebenshilfe

Im Folgenden geht es darum, die von der modernen Traumforschung bereits als zentral erkannte Funktion unserer Träume im Sinne der multifunktionalen Lebenshilfe im Detail zu beleuchten. Um dies übersichtlich darzustellen, werden die kognitiven, emotionalen, psychischen und kreativen Funktionen unterschieden. Allerdings ist dabei zu bedenken, dass diese Funktionen nicht streng unabhängig und getrennt voneinander verstanden werden dürfen. Daran schließt sich ein Streifzug durch das Thema heilende Träume in Therapie und Medizin an, der verdeutlicht, dass Träume durchaus als „diagnostisches Frühwarnsystem“ funktionieren können.

Kognitive Funktion: Gedächtnis und Lernen – wie im Schlaf

Träume verbessern unsere Hirnleistung, genauer: unser Gedächtnis und unsere Lernfähigkeit. Wir lernen also weniger im Schlaf als in unseren Träumen. Die für Lernen und Gedächtnis verantwortlichen Nervenzellen werden während des Träumens und REM-Schlafes buchstäblich aufgetankt. So konnte man in vielen Studien eindeutige Zusammenhänge zwischen dem Träumen im REM-Schlaf und geistiger Anstrengung feststellen. Versuchspersonen, deren REM-Schlaf gestört wurde, lösten Denk- oder Wahrnehmungsaufgaben schlechter als diejenigen, die ihre Träume ungestört zu Ende träumen konnten.

Studie: Verbesserte Gedächtnisleistung durch Träumen

Traumschlaf verbessert die Gedächtnisleistung: Dieser Befund konnte in vielen Studien belegt werden. Wie groß die Rolle des Schlafens und Träumens ist, zeigten beispielsweise Harvard-Forscher um Robert Stickgold. Sie ließen Studenten am Tag eine bestimmte Aufgabe trainieren – die Richtung von schrägen Balken zu erkennen, die auf einem mit waagrechten Strichen überzogenen Bildschirm kurz aufblinkten. Nach dem Trainingstag

wurden einige der Teilnehmer in der Nacht und am nächsten Tag wach gehalten, durften dann aber zwei Nächte normal durchschlafen.
Danach sollten sie die gleiche Aufgabe wieder lösen – wie sich zeigte, hatten sie offensichtlich nichts gelernt: Es fiel ihnen genauso schwer wie zu Anfang der Übung, die Richtung der schrägen Balken zu bestimmen. Kollegen dagegen, die in der ersten Nacht nach dem Training durchschlafen durften, zeigten deutlich bessere Leistungen.

Die Forscher gehen davon aus, dass unser Gedächtnis während des Träumens neu sortiert und dabei gleichzeitig entschieden wird, was wir behalten und dauerhaft lernen – und was nicht. Da in REM-Phasen das für unsere Gefühle zuständige limbische System besonders aktiv ist, vermutet Stickgold, dass das Gehirn frische Gedächtnisinhalte auch emotional prüft, und dann bestimmt, was der Träumer sich einprägen soll. Ein weiterer Hinweis auf die enge Verknüpfung von Träumen und geistiger Aktivität: Die Traumaktivität wird deutlich intensiver, wenn jemand eine größere Menge neuer Informationen aufnehmen muss – etwa wenn er eine neue Sprache erlernt.
Dass Schlafen – und Träumen – wichtige Funktionen beim Lernen erfüllen, konnten in den 1920er Jahren zuerst die Psychologen John G. Jenkins und Karl M. Dallenbach zeigen: Vor einer Schlafperiode präsentierte Lernaufgaben werden besser behalten als Aufgaben, die vor einer Wachperiode gestellt wurden.
Dieser das Lernen begünstigende Schlaf- und Traumeffekt wurde in den letzten Jahren in vielen experimentellen Untersuchungen belegt, wobei man bestimmten Schlafstadien besondere Gedächtnisprozesse zuordnen konnte – für unser Gedächtnis und für das Lernen sind demnach REM- und Non-REM-Schlaf gleichermaßen notwendig. Im Wesentlichen untersucht wird dabei einerseits, wie der Schlaf nach intensiven Lernphasen aussieht, und andererseits, wie Menschen reagieren, wenn sie nach einer Lernperiode am REM-Schlaf gehindert werden.
Übereinstimmende Befunde: Der REM-Traumschlaf ist für die Gedächtniskonsolidierung von zentraler Bedeutung. So ist nach dem Lernen der REM-Schlaf eindeutig ausgeprägter als unter normalen Bedingungen – umgekehrt erschwert oder verhindert der Entzug von REM-Schlaf das Einspeichern neuer Information.
Wie neue Untersuchungen belegen, gilt dies vor allem für das so genannte prozedurale Gedächtnis, das für handlungsbezogene Kompetenzen wie Fahrradfahren oder ein Instrument spielen zuständig ist, und damit für komplexe Aufgaben. Im Non-REM (Tief-)Schlaf wird dagegen das deklarative Gedächtnis, verantwortlich für Wortwissen, etwa wenn es um Vokabelnlernen geht, gestützt. Mittlerweile sind viele empirische Studien zu der Funktion des REM- wie Non-REM-Schlafes – an Tieren und Menschen – durchgeführt worden.

Träumende, lernende Ratten und Vögel

Ratten träumen offensichtlich ganz ähnlich wie Menschen: Sie nutzen den Traum, um in der Wachphase gemachte Erfahrungen besser verarbeiten zu können. Dies zeigen Versuche am Massachusetts Institute of Technology (MIT). Gedächtnisforscher Matt

Wilson konfrontiere Laborratten mit unterschiedlich schwierigen Aufgaben in einem Versuchslabyrinth. Während der
Versuchsdurchgänge wurden die neuronalen Aktivitäten der Tiere im Hippocampus, einem für Gedächtnisinhalte zentralen Gehirnbereich, erfasst.
Danach verglichen sie die Hirnaktivitätsmuster im Wachzustand mit denjenigen während des Schlafes. Da sie praktisch identisch waren, ließ dies nur einen Schluss zu: Die Ratten träumten das im Wachzustand Erfahrene nochmals, um es besser behalten zu können. Die Hirnkurven stimmten so sehr überein, dass die Forscher gleichsam erkennen konnten, wo sich die träumenden Ratten gerade im realen Forschungslabyrinth bewegten.
Ähnliches hatte man schon bei Zebrafinken beobachtet: Die Jungtiere lernen das Singen buchstäblich im Schlaf. Während die Vögel am Tag das Gezwitscher ihrer Eltern hören und recht oder schlecht versuchen, selber zu singen, sind sie beim Schlafen zwar still – aber die den Gesang steuernden Gehirnbereiche arbeiten weiter. Die Forscher gehen davon aus, dass die Vögel vom Singen träumen und sich dabei die Tonfolgen genau einprägen.

Mittlerweile steht fest, dass die verschiedenen Schlafstadien unterschiedlich stark an der Informationsverarbeitung beteiligt sind. Psychologen gehen davon aus, dass sich der Prozess der
Gedächtnisbildung in mehreren Schritten vollzieht: Kommt es im Wachzustand zu einer ersten „Sichtung“ und Speicherung des neuen Wissens im Gehirn, wird dieses Wissen aber erst im nachfolgenden Schlaftraum schrittweise in den Neokortex transferiert. Tierversuche haben dies eindrucksvoll bestätigt –im REM-Schlaf wird eher nichtdeklaratives Wissen, im Tiefschlaf dagegen eher deklaratives Wissen verarbeitet.

Eine neuere Untersuchung konnte diese Annahmen bestätigten:
Ausgehend von der ungleichen Verteilung von REM- und Non-REM(Tief-)Traumschlaf in der ersten und zweiten Nachthälfte bestätigte sich in experimentellen Studien, dass prozedurales Lernen und Gedächtnis (REM) stärker vom späten als vom frühen Schlafentzug bestimmt werden, während das deklarative Gedächtnis (Non-REM) umgekehrt mehr unter dem frühen als dem späten Schlafentzug leidet.
Alles in allem wird damit nicht nur bestätigt, dass wir buchstäblich im Träumen und Schlafen lernen – es wird darüber hinaus überdeutlich, dass die lange dominierende physiologische Traumtheorie, wonach wir träumen, um zu vergessen, endgültig ad absurdum geführt ist. Wir träumen nicht, um zu vergessen – sondern im Gegenteil, um unsere Erinnerungsfähigkeit so effektiv wie möglich zu managen. Unser Gedächtnis wird durch Träumen entlastet, aber nicht durch die Streichung „unnützer Erinnerungen“, sondern durch ein ständiges Umordnen und Umstrukturieren.

Emotionale Funktion: Stressverarbeitung – mit viel Gefühl

Kann man schlechte Stimmung einfach wegträumen? Ja, sagt die Traumforschung. Wenn Sie abends nach einem belastenden Tag schlecht gestimmt schlafen gehen und am nächsten Morgen wieder guten Mutes aufwachen, dann haben Sie dies weniger dem Schlaf zu verdanken als Ihren Träumen.

Vor allem die amerikanische Psychologin Rosalind Cartwright beschäftigt sich seit Jahrzehnten mit dieser emotionalen und stressregulierenden Funktion unserer Träume – gemäß dem Goethe-Wort: „Ich habe in meinem Leben Zeiten gehabt, wo ich mit Tränen einschlief; aber in meinen Träumen kamen nun die lieblichsten Gestalten, mich zu trösten und zu beglücken, und ich stand am anderen Morgen wieder frisch und froh auf den Füßen."[44]

In einer ihrer Studien erfasste Cartwright die Stimmung (*mood*) ihrer Versuchspersonen, deren Traumaktivität im Schlaflabor und am nächsten Morgen wieder deren Stimmung. Während der Nacht wurden die Teilnehmer dabei regelmäßig geweckt und genau nach ihren Träumen gefragt.
Am wenigsten veränderte sich die Laune bei neutral gestimmten Versuchspersonen. Sehr viel positiver dagegen gingen diejenigen in den Morgen, die zuvor schlecht gelaunt eingeschlafen waren. Die Traumforscherin weiß warum: Schon während der Nacht zeichneten sich in den Traumberichten deutliche Unterschiede ab. Während sich die Trauminhalte der neutral gestimmten Gruppe über die Nacht hinweg nicht veränderten, zeigten die Träume der Schlechtgelaunten deutliche Veränderungen: Überwogen anfangs noch negative Traumerfahrungen, änderte sich dies im weiteren Verlauf deutlich:
Die Träume wurden emotional heller, positiver.

Für Cartwright belegen diese und ähnliche Studien, dass unsere Stimmung während der Nacht reguliert wird: „Wenn Sie niedergeschlagen zu Bett gehen, beginnt das Gehirn sofort, nachdem Sie eingeschlafen sind, diese Stimmung mit negativen Trauminhalten zu bearbeiten", so die Traumforscherin, „gegen Ende der Nacht ist diese Arbeit dann erledigt – die Trauminhalte werden positiver."[45] Weil wir uns beim Aufwachen an den letzten Traum erinnern können, nehmen wir dessen angenehme Atmosphäre mit in den Wachzustand.
Wie die Schlafforscherin in anderen Untersuchungen feststellte, signalisieren die Träume zudem, wie schnell Menschen eine depressive Phase überwinden werden. An einer ihrer Studien nahmen nach einer Scheidung depressiv Verstimmte teil. Bei einer Gruppe konnte sie das übliche Muster – negative Träume zu Beginn der Nacht, unbeschwertere gegen Ende – feststellen. Bei anderen dagegen zeigten sich die ganze Nacht hindurch aufwühlende, unangenehme Trauminhalte.
Ein Jahr später fand Cartwright heraus, dass diejenigen Personen, deren Träume sich zum Positiven verändert hatten, deutlich weniger depressiv waren als jene, deren Trauminhalte ungebrochen negativ geblieben waren. Ganz offensichtlich sei es der ersten Gruppe gelungen, aus eigener Kraft – mithilfe der Träume – die depressiven Gefühle zu bearbeiten, meint Cartwright und verweist auf den prognostischen Wert ihrer Traumforschung: Erinnert sich ein depressiver Klient nur an negative Träume, dann signalisiert dies dem Therapeuten, dass er über wenig eigene Ressourcen verfügt, seine Depression zu verarbeiten.

Kreative Funktion: Problemlösung – Heureka!

Kann man im Traum Probleme lösen? Ja – und Nein. Dass Probleme träumend gelöst werden, kann auch der traumgläubigste Esoteriker nicht behaupten. Allerdings spricht sehr vieles dafür, dass Träume eine entscheidende Hilfe und Grundlage für Problemlösungen

liefern – sie bereiten gewissermaßen den Boden, um die Schwierigkeiten und die Lösungsmöglichkeiten aus einem anderen, entscheidenden Blickwinkel zu erkennen, den wir im bewussten Wachzustand nicht einnehmen oder nicht einnehmen können. Der alte Ratschlag, Schwierigkeiten und Probleme, „erst einmal zu überschlafen", hat so gesehen sehr lebenskluge, traumhafte Hintergründe.
So ist immer noch der bereits geschilderte Traum von Friedrich Kekulé, in dem er quasi den Benzol-Ring „entdeckte", ein mustergültiges Beispiel, wie sehr Träume uns helfen können, kreative Problemlösungen zu finden – allerdings müssen wir die Lösungen im Wachbewusstsein auch erkennen. In Kekulés Fall war dies allerdings nicht besonders schwierig. Er schilderte den traumhaften und schon damals beeindruckenden Entdeckungsprozess einige Jahre später Kollegen auf einem wissenschaftlichen Kongress:
Und wieder drehten sich die Atome vor mir ... Vor meinem geistigen Auge, das mit zahllosen, einander ähnelnden Bildern angefüllt war, konnte ich große, eigenartige Gebilde und lange Ketten erkennen. Die Gebilde krümmten sich wie Schlangen. Plötzlich geschah etwas. Eine Schlange packte ihren eigenen Schwanz und bildete eine ringähnliche Form, die vor meinen Augen herumwirbelte. Mir war zumute, als hätte mich der Blitz getroffen, und ich erwachte.
Kekulé beendete seinen Vortrag so: „Lasst es uns lernen zu träumen, meine Herren, dann werden wir vielleicht die Wahrheit erfahren."[46]

Kreative Träume – zwei Beispiele

Kreative Durchbrüche und Traumlösungen sind besonders von Künstlern bekannt – wie die beiden folgenden, von Traumforscher Peretz Lavie berichteten Beispiele zeigen:

- Robert Stevenson hätte seinen weltberühmt gewordenen seltsamen Fall von Dr. Jekyll und Mr. Hyde offensichtlich nicht ohne traumhaften Beistand schreiben können. Stevenson berichtete: „Ich hatte lange Zeit versucht, eine Geschichte über den jedem Menschen innewohnenden Dualismus zu schreiben. Manchmal beherrscht er das gesamte Denken eines Menschen. ... Zwei Tage lang hatte ich mir das Gehirn zermartert, um eine Fabel zu finden. In der zweiten Nacht erschien sie mir im Traum:
  Hyde, der aufgrund seiner Verbrechen gejagt wurde, schluckte den Zaubertrank und verwandelte sich vor den Augen seiner Verfolger in Dr. Jekyll. Den Rest der Fabel ergänzte ich, nachdem ich erwacht und bei vollem Bewusstsein war."
- Guiseppe Tartini, ein Violinist und Komponist des 18. Jahrhunderts, berichtete die folgende Geschichte über eine seiner bekanntesten Kompositionen, dass er geträumt hat, einen Pakt mit dem Teufel geschlossen zu haben, der sich seinerseits verpflichtete, ihm zu dienen. Um sich über die musikalischen Talente des Teufels zu vergewissern, gab Tartini ihm eine Violine und befahl ihm zu spielen. Der Teufel spielte daraufhin mit einer so vollendeten Meisterschaft, dass Tartini in höchster Erregung erwachte, sein eigenes Instrument zur Hand nahm und versuchte, das Spiel des Teufels nachzuahmen. Obwohl es ihm nicht vollständig gelang, die Virtuosität des Teufels zu erreichen, hatte ihn sein Traum zur Komposition seines berühmtesten Werkes inspiriert, das er Trillo del Diavolo (Die Teufelstrillersonate) nannte.

Die Traumforschung erklärt diese kreativen Traumfunktionen mit der so genannten *Mastery-Hypothese*. Voraussetzung dabei ist, dass dem Träumen eine ähnliche Funktion wie dem Denken im Wachzustand zugrunde liegt: das Problemlösen. Im Traum wird ein Problem von vielen Seiten beleuchtet und mit früheren Erlebnissen und Problemlösungsstrategien verknüpft, sodass die
Wahrscheinlichkeit, mit dem momentanen Problem fertig zu werden, steigt.
An dieser Stelle stellt sich die nächste Frage: Ist es notwendig, den betreffenden Traum zu erinnern, um ein Problem zu lösen? Es könnte ja sein, dass sich die Sache im Schlaf „von selbst" erledigt. Allerdings zeigt die Geschichte der modernen Psychotherapie, dass Träume im therapeutischen Kontext zunächst bearbeitet werden müssen, um zum Wachstum der Person beitragen zu können.
Während es dazu Einzelbeispiele in der Literatur gibt, liegen bisher nur wenige methodisch einwandfrei durchgeführte Effektivitätsstudien vor.
Obwohl die Auswirkungen von Träumen auf das Wachleben noch kaum untersucht sind, sprechen die vielen Belege von „Traumlösungen" bei Künstlern und Wissenschaftlern eine klare Sprache. Bestätigt wird dies durch eine neue Studie von 1999, bei der genau 44 Prozent der befragten Menschen angaben, dass Träume ihnen bei der Lösung von Problemen geholfen haben. Dass uns Träume tatsächlich bei der Bereinigung von Alltagsproblemen entscheidend unterstützen und eine Inspiration für kreative Arbeit sein können, steht jedenfalls für Schlaf- und Traumforscher Peretz Lavie außer Frage. Gerade weil das Rohmaterial der Traumgeschichten aus den Themen besteht, die uns während des Tages beschäftigen, können sie dem Träumer in „neuen und originellen Formen unbekannte Gesichtspunkte" und Lösungen für seine Alltagsprobleme aufzeigen.
Schlaf- und Traumforscher Peretz Lavie schildert folgendes Beispiel: „Ein Abteilungsleiter in einer großen Fabrik hatte ein Problem: Einer seiner Mitarbeiter war für seine Arbeit ungeeignet. Lange Zeit grübelte er darüber nach, was er mit diesem Mann machen sollte. Ihn entlassen? Ihn in eine andere Abteilung versetzen? Wenn ja, in welche Abteilung? Und so weiter. Aus vielen und unterschiedlichen Gründen war es für ihn schwierig, eine Entscheidung zu treffen, und das beschäftigte ihn im Schlaf weiter. An einem Morgen erwachte er mit der Gewissheit aus einem Traum, die Lösung für sein Problem gefunden zu haben. Er hatte geträumt, dass er mit allen Angestellten seiner Abteilung auf einem Kostümfest gewesen war, und unter ihnen befand sich auch der Mitarbeiter, der die Ursache für das Problem war. Das Kostüm des „Problemangestellten" war der Knüller des Abends und erinnerte ihn an die Uniform der Postangestellten. Als er erwachte, kam ihm zum Bewusstsein, dass ein Arbeitsplatz in der Poststelle des Werks genau das Richtige für diesen Mann wäre!"
Für Lavie kann kein Zweifel daran bestehen, dass der Traum das Problem löste – gerade, weil es ein ganz gewöhnlicher Traum war.
„Wenn wir uns nur an einen kleinen Teil unserer Träume erinnern könnten", so Lavie, „wären wir vermutlich verblüfft, wie viele Alltagsereignisse sich in ihnen wiederfinden und wie viele Lösungen sie uns für unsere Probleme bieten."[47]

Psychische Funktion: Identität – ich träume, also bin ich

Vor allem für den Traumforscher Harry Fiss spiegeln Träume – besonders sehr beeindruckende Träume – weit mehr wieder als nur den Zustand des Selbst: Sie beeinflussen das Selbst unmittelbar. Differenzierter betrachtet: Sie tragen zur Entwicklung, Aufrechterhaltung und Wiederherstellung des Selbst bei. Derartig bedeutende Träume schaffen nämlich eine therapieähnliche „korrektive Entwicklungserfahrung". Da Träumer durch ihren Traum gewisse Entwicklungshindernisse überwinden, handelt es sich um eine reparative Erfahrung – genauer: um einen Wachstumsprozess. So ist der Traum für Fiss auch nicht Hüter des Schlafes, wie Freud betonte, sondern es sei sehr viel wahrscheinlicher, dass der Schlaf der Hüter des Traumes ist.
Die These, dass Träume primär der Konsolidierung des Selbst dienen oder die Integrität des Selbst schützen, ist mittlerweile vielfach belegt:

1. Neugeborene und Babys träumen etwa doppelt so viel wie Erwachsene, um den Aufbau psychischer Selbststrukturen nachhaltig zu fördern.
2. Dieser Traumprozess der Formierung und Umformung psychischer Selbststrukturen dauert lebenslang an.
3. Das Erlernen von neuen, schwierigen Fertigkeiten und neuem Wissen geht mit deutlich erhöhter Traumaktivität einher.

Harry Fiss hat viele Experimente durchgeführt, um zu überprüfen, ob Träumen das Selbst stabilisiert – und umgekehrt Nichtträumen es schwächt. So zeigten so genannte REM-Deprivationsstudien – die Versuchspersonen wurden unmittelbar vor dem Einsetzen der REM-Traumphase aufgeweckt –, dass sich das Wachverhalten entscheidend veränderte: Die Versuchspersonen entwickelten nicht nur Konzentrationsstörungen, Gedächtnisbeeinträchtigungen und Lernschwierigkeiten, sondern sie wurden psychisch teilweise extrem anfällig. Sie konnten kaum mit Stress umgehen, eine „Selbst-Fragmentierung" trat auf, die Stabilität des Selbsterlebens wurde stark geschwächt.
In einem neueren Experiment zeigte sich besonders eindrucksvoll, wie sehr Träume das Selbstwertgefühl beeinflussen können. Wie die Erfahrungen der Traumforschung bestätigen, können Trauminhalte durch einige spezifische Reize vor dem Schlaf beeinflusst werden. Der Effekt – die so genannte Einverleibung – wird dann gemessen.
Als Versuchspersonen nahmen an der Untersuchung 30 Studienanfänger teil, 20 Frauen und zehn Männer, die sich alle gut an Träume erinnern konnten. Der spezifische „Reiz" bestand aus der Note für und einer Rückmeldung über eine Zwischenprüfung, die den Probanden kurz vor der Teilnahme an der Studie mitgeteilt wurden. Die Forschergruppe von Fiss ging davon aus, dass diese Prüfungsergebnisse einen zentralen Stellenwert für den Selbstwert hätten. Selbstwertgefühl und Stimmung (*mood*) der Teilnehmer wurden jeweils vor und nach dem Schlaf erfasst.
Zusätzlich wurden die Probanden aufgefordert, alle Gedanken und Gefühlen zu notieren, die ihnen zur Zwischenprüfung einfielen. Besonders wichtig war die Instruktion, am nächsten Morgen so genau und detailliert wie möglich über jeden erinnerten Traum Protokoll zu führen. Sie wurden speziell darauf hingewiesen, vor allem auf die Personen in ihren Träumen, auf die Umgebung sowie ihre Emotionen und Gefühle zu achten.
Die Annahmen der Forscher wurden beeindruckend bestätigt: Die wichtigste Funktion des Träumens besteht in der Modulation und Regulation von Selbstzuständen. So hatte

allgemein die Qualität der Rückmeldung den stärksten Effekt auf die Stimmung und das Selbstwertgefühl – beide waren für positive Inhalte signifikant höher als für negative Inhalte. „Erfolg“ und Glück“ standen am stärksten mit positiven Veränderungen des Selbst in Zusammenhang. Fiss bekräftigt dabei die These des Traumforschers Ernest Hartmann, dass Träume eine „quasi-therapeutische“ Funktion erfüllen. Wie in einer Psychotherapie kann der Traum nämlich an einem geschützten Ort – dem Schlaf – lebenswichtige neue emotionale und kognitive Zusammenhänge für das Selbst herstellen.

Diagnostische Funktion: Träume in Therapie und Medizin

Dass Träume gerade in Psychotherapien eine zentrale, die Gesundung des Klienten fördernde Rolle spielen, ist eine Erfahrung aus abertausenden Einzelfällen. Es gibt praktisch keine Therapieschule – abgesehen von der überkommenen, streng mechanisch orientierten, das „Innenleben“ völlig ausblenden Verhaltenstherapie der 1950er und 1960er Jahre –, die den Träumen nicht einen elementaren Stellenwert beim Veränderungs- und Heilungsprozess zuschreiben würde.

Weniger bekannt ist die andere Seite dieser heilenden Funktion in der Medizin: Träume haben offensichtlich auch einen *diagnostischen* Aspekt – sie dienen gewissermaßen als körper- und seeleneigenes Frühwarnsystem. Wenn man darauf achtet. Diese Funktion ist bisher erst ansatzweise erschlossen.

In den letzten Jahren hat sich besonders der englische Arzt Robin Royston für diese Zusammenhänge interessiert. Zu seinen Schlüsselerlebnissen zählt die Beschäftigung mit einem schlimmen (Alp-)Traum, den eine Patientin von ihm wiederholt träumte: Sie sah zwei Hände, die durch die Tür ihres Schlafzimmers auf ihr Bett zukamen, als wollten sie sie erwürgen. Doch bevor die Hände ihren Hals erreichten, wachte sie jedes Mal schweißgebadet auf. Nur einmal berührten sie ihren Hals, ganz leicht. Sie sah deutlich den Ring an der linken Hand. „Das ist ja Mutter“, erkannte sie im Traum.

Nach dem Aufwachen dachte sie zuerst daran, dass ihre verstorbene Mutter ihr nie etwas Böses hätte antun wollen: „Sie hat mich immer beschützt.“ Sie dachte weiter über den Traum nach, trat vor den Spiegel und sah genau an der Stelle an ihrem Hals, von der sie geträumt hatte, zum ersten Mal die Schwellung. Sie verursachte keinen Schmerz, dennoch hatte sie auf einmal das sichere Gefühl, dass sie zum Arzt gehen sollte. „Schilddrüsenkrebs“, lautete die Diagnose. „Gut, dass Sie so früh gekommen sind.“

Ein weiteres Beispiel: Ein Mann träumte von einem Wald – es war kein schöner Wald: Die Bäume hatten keine Blätter, verdorrte Äste lagen verstreut auf dem Boden. Auf der Lichtung stand ein Holzhacker, der die Äste zerkleinerte. Ein Psychotherapeut schickte den Mann zum Arzt, weil ihm der Verdacht gekommen war, dass die verdorrten Äste Verzweigungen in der Lunge bedeuten könnten. Er hatte Recht. Der Mann litt an Lungenkrebs, wurde sofort operiert. Im Krankenhaus träumte er später wieder von einem Wald – diesmal war er grün, Gras wuchs unter seinen Füßen. Tatsächlich hatte er den Krebs besiegt, dauerhaft besiegt, wie die folgenden Jahre zeigen sollten, obwohl ihm die Ärzte eigentlich eine sehr schlechte Prognose gegeben hatten.

Royston hat hunderte ähnlicher Träume untersucht. Mittlerweile verbreitet er seine Botschaft auf Kongressen und in den Medien in aller Welt: „Träume können unser Leben retten. Sie verraten Dinge, die in unserem Unterbewusstsein verborgen sind, warnen uns vor Gefahren."[48]

So wie die träumende Krebskranke nichts von dem Krebs in ihrem Körper wusste, aber ihr Immunsystem bereits alarmiert war. Es hatte die Nachricht an andere Nervensysteme „weitergegeben" und ihr wurde die Gefahr wiederholt in ihren Träumen mitgeteilt.

Royston unterteilt die analysierten Träume in folgende Kategorien:

1. Auf Gefahren hinweisend,
2. Krankheiten signalisierend,
3. Träume, die auf den Tod vorbereiten,
4. Schmerz erklärende/verarbeitende Träume innerhalb einer erfolgreichen Therapie,
5. physiologische Veränderungen ankündigende Träume. Zudem benennt er die Kategorie „süße Träume", die beispielsweise eine Schwangerschaft mitteilen.

Er rät allen Menschen, bewusst auf ihre Träume zu achten und Alpträume sowie andere ängstigende Traumerfahrungen ernst zu nehmen – vor allem dann, wenn sie sich wiederholen. Royston weiß, dass die Schulmedizin seiner Arbeit kritisch gegenübersteht und er versteht seine Arbeit als ersten kleinen Schritt in die richtige Richtung.

Träume als Hilfsmittel in der Medizin? – Beispiele

Die wissenschaftliche Erforschung von Träumen, die eine Diagnose liefern und somit als medizinisches Hilfsmittel genutzt werden können, steckt zwar noch in den Anfängen, dennoch gibt es in vielen Teildisziplinen erste Erkenntnisse – wie die folgenden Beispiele zeigen:

- In einer Studie des Mannheimer Zentralinstituts für Seelische Gesundheit befragte man Patienten mit psychischen Störungen wie Depression, Schizophrenie und Angstzuständen zunächst über ihr Befinden und forderte sie danach auf, über zwei Wochen Traumtagebücher zu führen. Wie die Traumanalysen zeigten, spiegelte sich die Krankheiten der Patienten deutlich in ihren Träumen: So fand sich ein deutlicher Zusammenhang zwischen dem jeweiligen Zustand von Schizophrenen und der Häufigkeit bizarrer Träume.
- Auch Traumforscher Michael Schredl erkannte, dass Träume wertvolle Hinweise über das Ausmaß psychischer Krankheiten geben können. So träumen Depressive beispielsweise mehr „dunkle" Träume mit negativen Inhalten, während unter den Essgestörte vor allem die Bulimikerinnen von Nahrung träumen, Anorektikerinnen dagegen das Essen im Leben wie im Träumen vermeiden.
- Einige andere Studien sehen ebenfalls Zusammenhänge zwischen Trauminhalt und der Persönlichkeit von Schizophrenen, Neurotikern und zu psychosomatischen Störungen neigenden Menschen. Manche Forscher gehen davon aus, dass man aufgrund der Träume einen bevorstehenden Krankheitsausbruch voraussagen und diesen eventuell durch geeignete Maßnahmen verhindern könne. Der Psychiater David Raphling meint sogar, dass bestimmte Träume als wichtiges Signal für Suizidtendenzen verstanden werden müssten.

- Bei der Behandlung von Posttraumatischen Störungen (PTSD) spielen Träume eine diagnostische Rolle, da sie deutlich den Heilungsprozess signalisieren: Wenn die Träume das traumatische Geschehen unverändert als wiederholten Alptraum spiegeln, befindet sich die Verarbeitung noch in den Anfängen. Andererseits sind sich dynamisch entwickelnde Träume verlässliche Indikatoren, dass die Trauma-Opfer die Folgen des schrecklichen Geschehens psychologisch immer besser in ihre Biographie integrieren können.
- Forscher der Aachener Klinik für Psychiatrie und Psychotherapie machten jüngst darauf aufmerksam, dass Migränepatienten häufig elementare geometrische Muster, wie sie in der visuellen Migräneaura gesehen werden, träumen, bevor sie einen neuen Migräneanfall erleben. Ähnlich erscheinen oft komplexe, den Aurasymptomen ähnliche visuelle Bilder in Alpträumen – beide Traumphänomene sollten diagnostisch und therapeutisch bei der zukünftigen Behandlung berücksichtigt werden.

In einem ähnlich diagnostisch-therapeutischen Umfeld ist auch Traumforscher Harry Fiss auch wichtige Ergebnisse gestoßen. Er stellte fest, dass stark süchtige Alkoholiker im Entzug und danach weitaus häufiger vom Trinken träumen als schwächer Abhängige. Er versteht dies allerdings nicht als „Wunscherfüllung" – vielmehr könne der Traum im Sinne einer therapeutischen Leistung *korrektive* emotionale Entwicklungen bewirken.
Dass Träume überaus hilfreich sein können, belegt auch die schon erwähnte bisher einzigartige englische Studie mit Herzkranken. Dabei stellten die Forscher fest, dass spätere Patienten in Träumen vergeblich vor der drohenden Lebensgefahr gewarnt worden waren.
Der Traumexperte Fiss prophezeit vor diesem Hintergrund „exzellente Aussichten" für dieses Jahrhundert, wenn Verhaltensmedizin und Traumpsychologie Träume als „diagnostisches Frühwarnsystem" für Leib und Seele gebrauchen lernten.

Gnothi seauton – Erkenne Dich selbst!
(Inschrift in Delphi)

Ich weiß aus unleugbarer Erfahrung, dass
Träume zu Selbsterkenntnis führen.
(Georg Christoph Lichtenberg)

Traumdeutung: Wegweiser zum persönlichen Lebensglück

Die experimentelle Traumpsychologie konnte in den letzten Jahren zeigen, dass sich das Wachleben im Traum reflektiert: Komplexe Wacherlebnisse, Wachgedanken und Lebensumstände spiegeln sich mehr oder weniger direkt im Traum – und werden neu erzählt, verarbeitet und verdichtet. Selten geschieht dies „direkt", meist werden die komplexen „Verdichtungen" und Zusammenhänge symbolisch und metaphorisch wiedergegeben.

Traumsprache: Traum als Symbol- und Metaphernmaschine

Viele empirische Beispiele belegen die lebensbestimmende und verändernde Kraft der Träume. So erkannte der amerikanische Schriftsteller Philip Roth beispielsweise in seinem Roman "Mein Leben als Sohn" während einer wesentlich träumend bewältigten kritischen Lebensphase, dass Träume nicht wegen ihrer vermeintlich absurden Nebeneinanderstellungen und abrupten Wechsel von Raum und Zeit ein faszinierendes Phänomen seien – das Bemerkenswerte sei vielmehr ihre „Eigenart, komplexe Denkvorgänge und verstrickte, ambivalente Gefühle metaphorisch einfach und überzeugend in brillanten Bildern und mimischer Sprache auszudrücken“[49]. So reflektierte er einen elementar wichtigen Traum über seinen verstorbenen Vater: „Dies ist ein Bild meines Vaters am Ende seines Lebens, das mein waches Tagesbewusstsein mit seinem Widerstand gegen wehleidige Metaphorik und poetisierte Analogien vermutlich niemals zugelassen hätte“[50]. Wie die neue Traumforschung der letzten Jahre verdeutlicht, verfügen wir mit dem bei jedem Menschen nachts sehr aktiven Traumbewusstsein über eine noch weitgehend unerschlossene hauseigene Symbol- und Metaphernmaschine als komplexitätsbewältigende Instanz. „Träume sind vielleicht rätselhaft“, bilanziert Traumexperte Alfred Alvarez die offenen Geheimnisse unseres Nachtlebens, „aber sie sprechen nicht notwendig in Rätseln: Ihre Sprache ist metaphorisch.“[51]

Der britische Neurophysiologe Mark Solms untersuchte in jahrelanger klinischer Forschung über 400 neurologische und neurochirurgisch behandelte Patienten, ob und wie sich die jeweilige Gehirnschäden auf die Träume auswirkten. Wie schon erwähnt, zeigte sich dabei, dass es *kein* einzelnes Traumzentrum gibt, wie es von Neurophysiologen für den REM-Schlaf im Hirnstamm angesiedelt wurde: Beim Träumen wie auch beim Wachbewusstsein müssen immer *mehrere* Hirnbereiche zusammenwirken, wobei jeder einzelne für sich auch andere Funktionen erfüllt. Wie im Tagesbewusstsein kann auch das Traumbewusstsein nur metaphorisch funktionieren, indem kognitive, emotionale und symbolische Prozesse aktiviert werden. So haben viele Traumforscher gelernt, das Traumbewusstsein als eigene Form des Denkens und Wissens zu verstehen, das nicht auf einfache logische oder sprachliche Kategorien reduziert werden kann. Unter verschiedenen Bedingungen arbeitet das Gehirn auf unterschiedlich Weise – und gerade das traumhafte Denken und Fühlen ist vieler Idiome und Sprachen mächtig. So sagt auch Alvarez, dass er zu den „Bekehrten“ zählt: „Wer einmal begriffen hat, welch komplexe Denkvorgänge und verstrickte, ambivalente Gefühle einfach und überzeugend in brillanten Bildern ausgedrückt werden“[52], den lasse dies nicht los.

Die empirisch arbeitende, psychologische Traumforschung hat zwar noch keine geschlossene Theorie über die Traumentstehung vorgelegt, die Richtung hat allerdings Traumpsychologe Ernest Hartmann vorgegeben: Er versteht Träumen im Sinne neuronaler Netzwerke, die im Gegensatz zu geistigen Prozessen im Wachzustand nicht seriell, sondern vielmehr parallel oder verteilt ablaufen. Dadurch ist es in Träumen möglich, „sich mit vielen Dingen gleichzeitig zu befassen, anstatt nacheinander mit mehreren Inhalten“[53].

Grundlagen – das kognitive Unbewusste

Wichtige Grundlagen zum Verständnis der Traumsprache liefert die gleichsam „benachbarte" Forschung zum kognitiven Unbewussten. *Cogito, ergo sum* – René Descartes hatte im ausgehenden

Mittelalter die Formel für die neue Welt des rational beherrschten Abendlands gefunden: „Ich denke, also bin ich." „Nicht ich denke", behauptete dann allerdings einige Zeit später Friedrich Nietzsche, der Vordenker des Unbewussten, „sondern es denkt." Eine paradoxe und unverständliche Sichtweise jedenfalls für diejenigen, die wie selbstverständlich davon ausgehen, dass das Ich mit seinen rationalen und logischen Kategorien als oberste Urteils- und Kontrollinstanz unserer Existenz funktioniert.

Und dennoch zeigt sich bei genauerem Hinsehen, dass das häufig verabsolutierte rationale Ich-Bewusstsein nicht einmal sich selbst und seine Grundlagen kennt. Über die Entstehung seiner Ideen und Einfälle, Gedanken und Gefühle etwa hat es keinerlei Einsichten. Die „Datenbasis" ebenso wie die Verarbeitungsprogramme bleiben unserem bewussten Denken unzugänglich. Dies betrifft bei weitem nicht nur unbewusst ablaufende Verhaltensroutinen und Mechanismen wie Fahrradfahren oder Geschirrspülen: „Das Unbewusste", befand schon Psychologie-Begründer Wilhelm Wundt, „ist wie ein fremdes Wesen, das für uns schafft und vorbereitet, um uns endlich die reifen Früchte in den Schoß zu werfen."

Nachdem jahrzehntelang das „Unbewusste" als unwissenschaftlich und irrational, als nicht existent und sprichwörtliches Hirngespinst abqualifiziert wurde, sieht beispielsweise die renommierte Psychologie-Professorin Elizabeth Loftus von der University of Washington „neue Dimensionen" und „aufregende Zeiten" anbrechen. Bahnbrechend wirkten in den letzten Jahren vor allem die Arbeiten des Psychologen Pawel Lewicki und der wiederholte Nachweis, dass das menschliche Unbewusste unablässig hochintelligente und komplexe Leistungen erbringt.

Unbewusstes Lernen

Um solch unbewusstes oder „implizites" Lernen bei unterschwelliger Reizwahrnehmung methodisch sauber und kontrolliert zu demonstrieren, zeigte Lewicki seinen Versuchspersonen auf dem Computerbildschirm ein Kreuz, das jeweils in einem von vier Quadranten scheinbar rein zufällig erschien. Mit Tastendruck sollten die Teilnehmer so schnell als möglich angeben, in welchem Feld sie das „X" gesehen hatten. Dabei waren die Bewegungen des Lichtpunkts alles andere als rein zufällig: Vielmehr zeichneten sie eine zehn Regeln gleichzeitig befolgende Spur. Es stellte sich heraus, dass die Versuchsteilnehmer nach einigen wenigen Präsentationen diese hochkomplizierten Bewegungsmuster unbewusst erkannt hatten und mit diesem Wissen sehr viel schneller auf die Lichtspur reagierten. Folgte der Lichtpunkt tatsächlich einmal dem Zufallsprinzip, verschwand auch der Lerneffekt. „Die Regeln waren so komplex", so der Psychologe über seine Untersuchungen, „dass sie trotz einer ausgesetzten Prämie kein einziger Student oder Professor erkannte und bewusst vorhersagen konnte, wo der Lichtpunkt als nächstes auftauchen würde: Man musste es ihnen auf einer Schautafel verdeutlichen. Nur das Unbewusste durchschaute die Angelegenheit."[54]

Im Rahmen eines anderen Untersuchungsmodells für „unbewusstes Bilderkennen“ gelang den Schweizer Psychologen Dieter Hofer und Walter Perrig ein ähnlich spektakulärer Nachweis über hochintelligente Informationsverarbeitung des Unbewussten.

Erkennen „eingebetteter“ Figuren

Die beiden Psychologen wählten für ihre Studien so genannte Bilder mit eingebetteten Figuren. Die Versuchsteilnehmer sahen die Bilder einige Sekunden lang und sollten dann aus dem Gedächtnis beschreiben, was sie gesehen hatten. Es zeigte sich ausnahmslos, dass die „eingebetteten“ Gestalten von keinem einzigen Versuchsteilnehmer bewusst gesehen wurden. Als die Versuchsteilnehmer danach in einer Versuchsreihe – die vorher versteckten Figuren wurden nun als Fragmente dargeboten – aufgefordert wurden, so schnell als möglich zu benennen, um was es sich auf der Darstellung handelt, „erkannten“ sie das bewusst vorher nicht wahrgenommene dennoch sehr viel schneller. Eine unbewusste Leistung, die absolut keiner bewussten Verarbeitungs- oder Erinnerungsstrategie zugeordnet werden kann.

Neben vielen anderen Phänomenen ist dabei auch der bereits erwähnte „Pötzl-Effekt“ von Bedeutung (siehe Seite XX): Danach kann subliminal dargebotenes, unbekanntes Bildmaterial in Träumen wieder auftauchen. Neuere Untersuchungen bestätigen dies auch sinnesübergreifend: Wolfgang Leuschner vom Frankfurter Sigmund-Freud-Institut konnte den Pötzl-Effekt für Träume auch für „akustische Subliminals“ nachweisen: „Die Rolle subliminaler Wahrnehmungen und unbewusster Denkvorgänge“, bilanziert Leuschner stellvertretend für viele Kollegen den Stand der jüngeren Forschung, „ist bedeutsamer, als wir bisher angenommen haben.“[55] So bedeutsam jedenfalls, dass sie über die kognitiven Funktionen der Wahrnehmung und des Denkens hinaus vor allem auch das psychisch so existentielle emotionale Erleben und Träumen mitgestalten.

Systemtheoretische Ansätze

Mittlerweile wird wissenschaftlich anerkannt, dass eine unbewusste Informationsverarbeitung zum Wesen des Menschen gehört – im positiven wie negativen Sinne. Eine Erklärung finden diese Phänomene vor allem in systemtheoretischen Ansätzen: Menschliche Informationsverarbeitung basiert demnach prinzipiell auf parallel arbeitenden, spezialisierten, aber doch miteinander verbundenen – „vernetzten“ – Prozesseinheiten („Modulen“) oder Ebenen (Subsystemen). Bewusstsein wie Unbewusstsein geschehen somit im Zusammenhang mit und auf der Basis von mentalen Operationen, die verschiedenen Subsystemen angehören.

Zu den entwickeltsten Konzepten zählt die so genannte (Neo-)Dissoziationstheorie des amerikanischen Psychologen Ernest Hilgard. Danach gibt es unterschiedliche organismische Verarbeitungssysteme, die miteinander interagieren, aber auch isoliert voneinander („dissoziiert“) funktionieren können – wie beispielsweise im Fall des für das Wachbewusstsein wichtigen "Blinden Sehens" (Patienten mit stärksten Sehschwächen und teilweisen Blindheit sehen unbewusst dennoch subliminal dargebotene Farben, Formen oder

Muster mit dem blinden Teil ihres Gesichtsfeldes; werden sie bewusst gefragt, antworten sie in aller Regel, nur geraten zu haben) oder der „Prosopagnosie“ (Unfähigkeit, Gesichert zu erkennen). Da die hierarchischen Verhältnisse zwischen den (Sub-)Systemen veränderbar sind, wird für alle Systeme eine zentrale Überwachungs- und Kontrollstruktur angenommen – dies kann beispielsweise das rationale Ich sein.

Einen Schritt weiter gehen die beiden Psychologen und Systemtheoretiker Peter Kruse und Vladimir Gheorghiu. Sie argumentieren, dass die jeweilige „Exekutivkontrolle“ selbst wieder der Überwachung bedarf. Daher gehen sie stattdessen von autonomen Selbstorganisationsprozessen bewussten und unbewussten Denkens aus. Nach dem von Nobelpreisträger Ilya Prigogine beschriebenen und erforschten Modell des dissipativen Strukturen ordnen sich solche selbst organisierenden dynamischen Systeme fernab von Gleichgewichtszuständen nach turbulenten und „fluktuierenden“ Übergangsphasen immer wieder neu, wobei diese sich „einschwingenden Systemgestalten“ nie genau vorhersagbar sind.

Solche „kognitiven Fluktuationen“ werden beispielsweise bei weitgehend unbewusst verlaufenden kreativen Problemlösungen angenommen: Das Heureka-Gefühl etwa gilt als klassischer

Ausdruck eines höchst gelungenen Übergangs zu neuen Denkgestalten und Gleichgewichtszuständen des mentalen Systems.

Zwar bleibt auch bei der Intuition wie im Traum für das rationale Bewusstsein im Dunkeln, was geschieht – dafür werden aber unbewusst die vielen entscheidenden Fäden gezogen, um jeweilige Zusammenhänge direkt, unmittelbar und ohne bewusste Verstandestätigkeit zu erkennen. Wer etwas intuitiv weiß oder ein sicheres Wissen geträumt hat, wird daher niemals analytisch erklären können, warum er sich so sicher ist.

Die Potenziale des Unbewussten erschließen

Die Potenziale des Unbewussten werden vor allem im Umfeld der „Neuen Hypnose“ und traumnahen Hypnotherapie erschlossen und kultiviert, die in letzter Zeit eine wahre Renaissance erlebt. „Dein Unbewusstes“, so die Leitidee Milton Ericksons, des charismatischen Begründers der modernen Hypnotherapie, „ist viel klüger als dein Bewusstes.“ Und er hat offensichtlich Recht, wie es die Vielzahl der erfolgreichen Hypnotherapierten in unzähligen Anwendungsfeldern – von der Medizin und Zahnmedizin über Psychologie oder Psychiatrie bis zum Sport – zu belegen scheint.

Das „Erfolgsgeheimnis“ liegt im Sinne der erläuterten systemischen Ansätze darin, dass in der Hypnose große organismisch ganzheitliche Selbstheilungskräfte des Leib-Seele-Systems freigesetzt werden können: Im entspannten, realitätsabgewandten, suggestiv-tranceartigen Zustand entfalten die einzelnen (Sub-)Systeme größere Autonomie, wobei sich psychosomatische Regulationsmechanismen entwickeln können, die in ihren Möglichkeiten weit über das hinausgehen, was unser Wachbewusstsein und Alltagsverstand für möglich hält und zulässt. „Wird ein Klient auf entsprechende hypnotische Suggestionen hin schmerzfrei“, erläutert der Münchner Hypnotherapeut Burkhard Peter, „überwindet er seine Phobie oder seine Depression, dann sicherlich nicht deshalb, weil der Therapeut die Wunderkraft besitzt, dies mit seinen Worten zu bewirken. Vielmehr ist der Therapeut deshalb erfolgreich, weil es dem Patienten gelungen ist, die Aufforderung des Therapeuten

zunächst in eine Sprache zu übersetzen, die sein Körper oder sein ‚Unbewusstes' versteht, und dann alle jene dem Bewussten in der Regel nicht zugänglichen Prozesse einleitet und ausführt, die die entsprechenden kognitiven, emotionalen und physiologischen Änderungen zur Folge haben."[56]
Strukturell ähnlich funktioniert auch das Unbewusste während des Schlafens und Träumens: In der Nacht arbeitet das Gehirn nicht weniger, nur anders – tatsächlich wissen die Forscher heute, dass das Gehirn nie ruht, und Träumen als lebenswichtige oder besser lebensbestimmende permanente Funktion des Gehirns zu verstehen ist. Viele Forscher begreifen das Traumbewusstsein als eigene Form des Denkens und Wissens, das nicht auf rein logische oder sprachliche Kategorien reduziert werden kann. Im Gegenteil ist es für das komplexe Denken und Fühlen in traumhaften Bildern charakteristisch, dass dabei viele Idiome und Sprachen zum Einsatz kommen. Das Gehirn schläft nie – im Traum verwendet es nach Ansicht des Traumforschers David Cohen nur mehr analoge Strukturen, Empfindungen und abstrakte metaphorische Bilder und Symbole als im tagesaktiven Denken.
Der Traum ist so betrachtet eine Symbol- und Metaphernmaschine, weil er viele Splitter, Informationen, Gefühle, Wahrnehmungen, Ängste und Wünsche in komplexen Bedeutungsfeldern in sinnvolle Muster „verdichtet", indem er auch aus dem Wachbewusstsein nicht zugänglichen Quellen des „Unbewussten" schöpft. Für viele Traumforscher bewältigt der Traum daher nicht nur komplexe Lebensprobleme oder Erfahrungen: Er ist gleichzeitig eine wichtige Quelle für Kreativität und Intuition.
So zeigen neue Analysen der von Traumstörungen betroffenen Prozesse, welche komplexen psychischen Funktionen der Traum erfüllt. Vor allem beweisen die neuen Befunde, dass Träume auf *höheren* psychischen Prozessen beruhen – so ist der metaphorisch symbolische Faktor nach den Erkenntnissen des Neuropsychologen Mark Solms der ausdrücklich wichtigste Traumgenerator .

Die Befunde dieser Untersuchungen zeigen, dass Träume neue Erlebnisse abspeichern und dabei alte Informationen, die einen Bezug zum aktuellen Tagesgeschehen haben, wieder hervorholen, verknüpfen, bearbeiten und ins Langzeitgedächtnis zurückschreiben.
Für die Traumarbeit heißt das, dass Traumelemente aus der Vergangenheit auf Themen, Konflikte oder Gefühle hinweisen können, die genau während dieser vergangenen Zeit aktuell waren, zum Beispiel durch eine Außenseiterrolle in der Schulzeit, Ängste aus der Kindheit und Ähnliches.

Dialog zwischen Wach-Ich und Traum-Ich

Die Schweizer Psychologinnen Inge Strauch und Barbara Meier begreifen das Traumgeschehen nach ihren langjährigen Studien ähnlich wie C. G. Jung mit seinem Bild des „Traums als Drama": Jeder Traum könne ebenso einfache wie großartige metaphorische Bilder oder „Erzählungen" schaffen, die sich ganz „wie ein klassisches Drama" mit einer Einleitung, einer Steigerung der Handlung und einer Lösung folgerichtig entwickeln. Er könne aber auch „wie ein modernes Theaterstück" assoziativ aufgebaut und durch Unbestimmtheit bezüglich Ort, Zeit und Personen der Handlung sowie wechselnde Perspektiven gekennzeichnet sein.

Während des Schlafes bleibt der Träumer also in dynamischer Interaktion mit seiner Lebenswirklichkeit: Unsere Traumwelt sei jedenfalls wie ein „zweites Leben", in dem wir uns verbindlich auf neue Erlebnisse einlassen oder spielerisch mit unserem Dasein umgehen. Träume dienen nicht dazu, vorgefertigte Deutungen anzuwenden, sondern können wie das metaphorische Denken im Wachzustand Denkanstöße und Anregungen für das bewusste Leben liefern. Jede Traumdeutung sollte daher das Wachbewusstsein anregen und zu einer höheren Einsicht führen.

Einen anderen metaphorischen Schlüssel für den allzu lange verschütteten Traumkontinent fand der Freiburger Traumtherapeut Wilhelm Freund: „Wie bei einem Gemälde" müsse man die „Gesamtstimmung" des Traumes wirken lassen.

Das bedeutet lebenspraktisch formuliert: Wenn wir mit unseren Träumen und Traummetaphern einen Dialog führen können, fördern wir unsere Komplexitätsfähigkeit – ganz im Sinne der weisen

Erkenntnis Georg Christoph Lichtenbergs, der in seinen *Sudelbüchern* betont: „Ich empfehle Träume nochmals; wir leben und empfinden so gut im Traum als im Wachen und sind jenes so gut als dieses; es gehört unter die Vorzüge des Menschen, dass er träumt und es weiß. Man hat schwerlich noch den rechten Gebrauch davon gemacht. Der Traum ist ein Leben, das, mit unserm übrigen zusammengesetzt, das wird, was wir ‚menschliches Leben' nennen".[57]

Damit eröffnen sich großartige Perspektiven auch für das Individuum in seinem Alltag. Um den Traum individuell als große Lebenshilfe in einem komplexen Dasein nutzen zu können, fordern Traumpsychologen wie Michael Schredl oder Anthony Stevens, Schulkinder mit dem „Traum-ABC" vertraut zu machen: Für ihre spätere Lebenskultur sei dies ebenso wichtig wie das Lesen und Schreiben.

Erich Fromm hatte ebenfalls betont, dass das Verständnis dieser einzigen universellen Symbolsprache der Menschheit nicht nur für Psychotherapeuten wichtig sei, sondern für jeden, der „mit sich selbst in Berührung" kommen möchte. Deshalb sollte auf „unseren höheren Schulen und auf den Universitäten ebenso wie der Unterricht in anderen ‚Fremdsprachen', so auch der Unterricht in der Symbolsprache in den Lehrplan aufgenommen werden".[58] Diese Symbolsprache zu verstehen – Fromm spricht im Übrigen bewusst nicht von Deutung – bedeutet letztlich: Die symbolische und metaphorische Ganzheitssprache des Traums zu verstehen und in einem Dialog zwischen Wach-Ich und Traum-Ich anzuwenden. Auch wenn alle Befunde signalisieren, dass der erinnerte Traum und die jeweilige „Traumarbeit" sich für den Träumer positiv auswirken und ihm helfen, komplexe Entwicklungen oder Probleme zu bewältigen und zu gestalten, muss man differenzieren. Es gibt nicht wenige Menschen, die sich nie an ihre Träume erinnern oder meinen, seit Jahren oder Jahrzehnten nicht mehr geträumt zu haben. Und diese Menschen sind psychisch nicht ungesund. Allerdings träumen sie Nacht für Nacht.

Tatsächlich haben Traumerinnerungen eine „belohnende" Extrafunktion: Wer sein Traumleben kennt, wird dadurch bereichert und komplexitätsfähiger. Wer die metaphorische und symbolische Sprache seiner Träume versteht, fühlt, weiß und lernt faktisch etwas mehr über sich und seine Welt.

Experten wie Stevens erwarten, dass sich das neue, in der Öffentlichkeit wie in der medizinischen und psychologischen Fachwelt noch weithin unbekannte Verständnis von der symbolischen und metaphorischen „Weisheit der Träume" zukünftig verstärkt im Alltag und in der Beratung auswirken wird. Die praktische Erfahrung mit „Traumgruppen“ etwa zeigt Michael Schredl, dass die Arbeit mit Träumen „in allen Schulen gewinnbringend sei“ und „zur Weiterentwicklung und Heilung der Ratsuchenden“ beitrage. Den Träumen wird beispielsweise in der Paartherapie und Familienberatung eine neue, große Bedeutung eingeräumt. Zum Beispiel konnte der Münchner Traumforscher Andreas Hamburger in den letzten Jahren nachweisen, welch positives, aber noch weitgehend unerschlossenes psychohygienisches Potenzial Träume, kommunikative Traumdeutungen und Traumgespräche für Beziehungen haben.

Ansätze zur individuellen Traumarbeit

Damit die Menschen aber von einer individuellen Traumarbeit profitieren und ein angemessenes „Systemverständnis“ der komplexen Welt der Träume entwickeln, müssen viele Barrieren abgebaut werden, die in Form von Vorurteilen, Unterstellungen oder Halbwissen vorhanden sind. Die Traumforscher machen dafür eine falsch verstandene Rationalität verantwortlich, die alle nicht ergründeten Erscheinungen oder Phänomene nach der vermeintlichen Volksweisheit – Träume sind Schäume – abgetan oder ausgeblendet hat. Das andere Extrem besteht in der irrigen Annahme, dass Träume geheimnisvoll oder gar gefährlich sind und nur von einem erfahrenen Traumexperten – wie einem Psychoanalytiker – gedeutet und gebändigt werden können. Für Schredl zum Beispiel ist diese Einstellung ebenso kritisch zu betrachten, wie die Neigung, aus Träumen vorschnell und unüberlegt irgendwelche „Botschaften“ zu ziehen und sich danach zu richten.

Die „Handlungsanweisungen und Lösungsvorschläge“ aus unseren Träumen sollten erst dann zum Tragen kommen, wenn ein Traum und die Traumerinnerungen symbolisch und metaphorisch erschlossen und in das Wachbewusstsein integriert sind. Denn erst dann wird die „Lösung“ oder die „Botschaft“ sichtbar – und nicht vorher. Vor allem dürfe man nie etwas im Wachleben tun, wenn noch nicht verstanden ist, was man im Traum gemacht hat: „Der Traum gibt seine Bedeutung eben nie von außen vor“, meint der Traumforscher, „sondern es bleibt gewissermaßen alles in der
Familie: Es ist niemand außer mir selbst, der im Traum agiert, lernt, Sinn sucht – und meist auch findet“.[59] Die neue Generation der Traumforscher betont, dass es nicht darum gehe, die symbolische metaphorische Sprache der Träume mithilfe irgendwelcher Symbollexika entziffern zu wollen, sondern vielmehr darum, den Traum als individuelles und existentielles Gesamterlebnis zu verstehen. Gerade wer sich bewusst darüber ist und erlebt hat, wie bedeutungsvoll Träume sind und wie sie hochkomplexe Weltzusammenhänge zu durchschauen helfen, wird nicht davon ausgehen, dass sie per definitionem weiser als das Wach-Ich sind. Die Intelligenz des Traum- und des Wachbewusstseins sollte man als gleichwertig auffassen, das „normale“ Alltagsdenken verschafft uns ebensolche Aha-Erlebnisse, Erkenntnisse und Einsichten wie das Traumbewusstsein. Es bleibt immer zu beachten, dass das Traum- und das Wachbewusstsein strukturell gleich sind.

Alvarez beschrieb diesen Zusammenhang so, dass wir „einfach über unser Leben nachdenken, während wir schlafen“ – nicht mit Worten oder abstrakten Konzepten, nicht mit der linken Hemisphäre, sondern „ganz konkret, in lebhaften, ausdrucksstarken Bildern und Metaphern“. Für Alvarez ist das Traumdenken auch eine „demokratische, für alle frei verfügbare Version“ jenes instinktiven Denkens, das man bei kreativen Menschen

„Inspiration“ nennt.[60] Zudem verweisen Traumforscher wie Ole Vedfeld darauf, dass metaphorische Traumarbeit nicht nur in der psychotherapeutischen Praxis zu kathartischen Durchbrüchen verhelfe, sondern auch im individuellen Alltag. Unser Traumdenken ist dabei vor allem hochkreativ: Ähnlich wie berühmte „Traumlösungen“ der Wissenschaftsgeschichte belegen – zum Beispiel der erwähnte Traum des Chemikers Kekulé –, gilt mittlerweile auch empirisch als sicher, dass das alltägliche komplexe Erleben durch den Traum häufig bewusster, durchschaubarer und verständlicher wird: „Es kommt zu klassischen Aha-Erlebnissen“, beschreibt Schredl die praktischen Wirkungen, sobald die symbolischen sowie metaphorischen Dimensionen und die gedanklichen wie emotionalen Kraftfelder der Träume erschlossen sind.

Gibt es ein Lexikon der Träume?

Angenommen, Sie träumten wirklich von einem Löwen – vielleicht weil Sie vor kurzem einen Tierfilm gesehen haben. Nun schlagen Sie in einem einschlägigen Traumlexikon nach und finden unter „Löwe“ folgenden Eintrag:
„Der Löwe steht für einen Menschen mit stolzen, in Freiheit lebenden, draufgängerischen und Furcht erweckenden Eigenschaften. Erblickt man einen zahmen mit dem Schweif wedelnden und ohne böse Absicht sich nähernden Löwen, so ist das ein gutes Zeichen und bringt Vorteile, und zwar einem Soldaten vom Kaiser (Der Kaiser ist der Löwe), einem Athleten von seiner guten Körperkondition, einem Mann aus dem Volk von der Obrigkeit und einem Sklaven von seinem Herrn; denn wegen seiner Kraft und Stärke gleicht das Tier solchen Personen.
Ein drohender oder wütender Löwe jagt Furcht ein und prophezeit Krankheit (auch die Krankheit gleicht einem wilden Tier) und Bedrohung von Männern, deren Symbol der Löwe ist, oder Feuersgefahren. (Grundlage der Deutung ist die aus dem Mithraskult bekannte Identifikation von Löwe und Feuer.)
Der Anblick von jungen Löwen ist für alle ausnahmslos von guter Vorbedeutung, gewöhnlich verkündet er die Geburt eines Knaben. Die Löwin bedeutet dasselbe wie der Löwe, nur in geringerem Maß, und zwar prophezeit sie wedelnd Nutzen, drohend und beißend Schaden, doch nicht von Männern, sondern von Frauen. Oft habe ich die Beobachtung gemacht, dass sie reiche Männer bezeichnet, die wegen widernatürlicher Sinnlichkeit verschrien sind".[61]

Diese Deutung stammt von Artemidor und ist rund zwei Jahrtausende alt. Im Prinzip hat sich seither allerdings nichts geändert: Symboldeutungen sind immer schwammig – im besseren Sinne – und für den Individualfall letztlich nichtssagend. Selbst bei einem kulturell so vermeintlich eindeutigen Symbol wie dem Löwen. Vielmehr sind Traumsymbole immer persönlich und individuell zu erschließen und zu deuten: Es gibt keine vorgefertigten Symbollisten, in denen man einfach nachschaut, was der eigene Traum oder ein Traumelement daraus bedeutet.
Auch wenn manche Leser nun enttäuscht sein werden: Es gibt *keine* verlässlichen Lexika der Traumsymbole – in welcher Form auch immer. Zwar ist der Mythos immer noch weit verbreitet, dass es so etwas wie ein ABC der Traumsymbole tatsächlich gebe. Nach Meinung der meisten Experten ist das illusorisch und jenseits aller Traumrealität:

„Traumsymbolbücher", urteilt etwa der Berliner Psychologe Gerald Mackenthun lapidar, „sind Schund". Ähnlich eindeutig bilanziert der Traumforscher Michael Schredl: „Symboldeutungen von Trauminhalten mit Traumlexika und einschlägigen Symbollisten sind wenig hilfreich".[62] Für die Traumdeutung gilt nur eine allgemeine Regel: Träume rechtfertigen niemals eine *vorgefertigte* Deutung, sondern sollen als Anregungen für das bewusste Leben dienen, Denkanstöße vermitteln. Im besten Fall produzieren sie Lösungen, die dann allerdings auch erkannt werden müssen.

Die eigentliche Botschaft der Traumforschung lautet: Jeder ist sein eigener Traumexperte. Und jeder kann lernen, das in seinen Träumen Erlebte mit seinen sonstigen Erfahrungen zu verbinden – jenseits vorgefertigter Bedeutungszuschreibungen. Eine Anmerkung in Bezug auf Symbollisten: Für den völlig ungeübten Traumdeuter können sie einen gewissen Vorzug haben. Beschäftigt man sich mit solchen Listen bewusst defensiv und vorsichtig, können sie mitunter gewisse *Anregungen* vermitteln, wie man ein Symbol interpretieren könnte – oder auch nicht.

Fallbeispiel: Entwicklung der Traumsprache im Verlauf einer Psychotherapie

Im Folgenden finden Sie ein Beispiel, wie Träume über einige Jahre hinweg die emotionale Gesundung einer schwer neurotisch gestörten Patientin begleiteten und begründeten. Achten Sie dabei besonders auf das sich verändernde Vokabular ihrer symbolisch metaphorischen Traumsprache. Das Fallbeispiel basiert auf einer Dokumentation des Psychotherapeuten Gion Condrau.

Eine 30-jährige, angstneurotische und frigide Patientin erzählte zu Beginn ihrer Analyse folgenden Traum: *Ich bin zu Hause bei meinen Eltern und sollte in die Analyse gehen. Tausend Hindernisse stellen sich mir jedoch in den Weg. Zunächst finde ich meine Kleider nicht, dann komme ich nicht vorwärts, stattdessen marschiere ich rückwärts und erreiche den Arzt eine Stunde nach der vereinbarten Zeit, also zu spät.*[63] Die Patientin, verheiratet und Mutter dreier Kinder, hält sich im Traum *zu Hause* bei ihren *Eltern* auf. Dies zeigt, in welch kindlicher, abhängiger Verfassung sie sich noch befindet. Aus dieser Situation heraus *sollte* sie in die *Analyse* gehen, das heißt dorthin, wo eben dieses neurotisch-kindliche Verhalten in Frage gestellt wird. Nun liegt es im Wesen einer kindlichen Elterngebundenheit und Abhängigkeit, dass diese das Gefühl von Geborgenheit und Sicherheit vermitteln. Aus diesem Grund stellen sich bei jedem Versuch, diese Situation zu verändern, *Hindernisse* in den Weg. Zwar gelingt es der Träumerin, sich vom Elternhaus zu lösen und den Analytiker aufzusuchen, doch erreicht sie ihn *zu spät.*

Die Träume der Patientin veränderten sich im Verlauf der Behandlung. So träumte sie in einer späteren Therapiephase, sie *suche ihren Analytiker auf, dessen Praxis sich in einem neuen Gebäude befindet. Im Gebäude selbst ist überall in goldglänzenden Buchstaben der Name des Arztes geschrieben, da der Weg äußerst schwierig zu finden ist. An jeder Ecke weist zudem ein Mädchen der Patientin die Richtung. Im Wartezimmer sitzen viele elegante Damen in Schwarz und mit Goldschmuck. Die Patientin kommt sich dabei „ganz einfach und blöd" vor. Sie trägt ein rotes Kleid mit schwarzen Aufschlägen; vorne fehlt ein Knopf. Sie wird jedoch „als erste hineingerufen", sodass die anderen Frauen böse werden.*[64] In diesem Traum ist die Situation wesentlich anders als im vorher erwähnten. Der Therapeut ist in einem *neuen Gebäude*, man könnte also sagen, die Analyse sei in ein neues Stadium

getreten. Der Weg zum Analytiker ist zwar immer noch *äußerst schwierig* zu finden, doch stehen Helferinnen zur Verfügung. Die weibliche Welt ist überhaupt stark vertreten, ja beinahe ausschließlich, zum Teil *wegweisend* (Mädchen), zum Teil durch elegante, schmuckglitzernde Vertreterinnen (*Damen in Schwarz und mit Goldschmuck*), wobei die Patientin aber erlebt, dass sie vorgezogen wird, als *Erste drankommt.*
Im ersten Traum war das Verhältnis der Träumerin zu ihrem Analytiker durch ihre infantile Elternabhängigkeit getrübt. Diese neurotische Fehlhaltung kann der Patientin anhand des Traumes aufgezeigt und sollte auch besprochen werden. Immer dort nämlich, wo sich in einem Traum Abwehrhaltungen und Widerstände nachweisen lassen, müssen diese in der Psychotherapie zur Sprache kommen. Träume, in denen eine gute Beziehung zum Therapeuten eine Rolle spielt, sollte man auf sich beruhen lassen.
Selbstverständlich beinhalten nicht alle Träume die spezielle Arzt-Patienten-Beziehung oder die psychotherapeutische Situation. Die meisten Träume lassen aber Schlüsse über die besonderen Weltverhältnisse von Patienten zu. So erzählte die Kranke im Verlauf einer vierjährigen Analyse mit insgesamt 378 Stunden etwa 300 Träume. Da sie ursprünglich wegen einer charakterneurotisch bedingten totalen Frigidität den Psychotherapeuten aufsuchte, war zu erwarten, dass sich die erotisch-sexuelle Abwehrhaltung auch in den Träumen niederschlagen würde. Die Patientin träumte auch auffallend häufig von Schlangen und wilden Tieren, die sie bedrohten. So berichtete sie unter anderem:
Hinter der dicken Glaswand eines Aquariums sehe ich eine Riesenschlange, eine „Gioconda", die meinem Vater gehört. Ich spreche mit ihr, sie spricht ebenfalls und lacht, man kann jedoch wegen der Trennwand kein Wort verstehen. Ich habe die Aufgabe erhalten, die „Gioconda" etwas aufzuwärmen. Ich hole also meinen Dampfkochtopf, beschließe dabei, die Schlange zu töten, da sie mir Angst einflößt. Ich lege sie in den Topf und koche sie eine halbe Stunde lang auf Hochdruck. Ich habe aber ein schlechtes Gewissen dabei, weil ich denke, mein Vater werde böse. Ich gehe in die Kirche, wo ich meine Mutter treffe, die mir sagt, ich solle die Schlange nicht weiter quälen. Als ich den Kochtopf öffne, bewegt sich diese wieder und kriecht heraus. In meiner Panik renne ich in die Kirche zurück, um auf die Kanzel zu steigen, weiß aber gleichzeitig, dass sie mich bald erreichen, umschlingen und langsam erwürgen wird.[65] Die Schlange gilt in der psychoanalytischen Traumdeutung als Phallussymbol. Die Patientin hätte demnach nicht Angst vor der Schlange (manifester Trauminhalt), sondern vor dem Phallus (latenter Traumgedanken), den sie vom Vater zur Pflege anvertraut erhielt. Sie flüchtet sich in die Welt des Weiblichen (Kirche – Mutter), weiß jedoch, dass sie dem Männlichen (Phallischen) nicht entrinnen kann. Die ödipale Situation wird dadurch unterstrichen, dass die Träumerin fürchtet, der *Vater werde böse sein.* Somit würde der Traum zweifellos zur Erklärung der Frigidität (ungelöster, ödipaler Triebkonflikt) beitragen.
Eine solche Deutung mag demjenigen einleuchtend erscheinen, der sowohl im Traumgeschehen wie in der Neurose ganz allgemein lediglich ein triebmechanistisches Geschehen sieht, das zudem nur verhüllt in den bewussten Bereich des „psychischen Apparats" eindringen darf. Zweifellos trifft die hier gegebene Deutung etwas Richtiges: Die Patientin hatte Angst vor dem Phallischen, sie war frigide und wehrte sich gegen die sexuelle Lust, zudem war ihre Beziehung zum Vater schwer gestört und ihre Haltung der kirchlichen und mütterlichen Welt gegenüber ambivalent. Dies alles jedoch war nur ein Folgeaspekt

ihrer grundsätzlichen Einstellung allem Kreatürlichen und „Animalisch-Sinnenhaften" gegenüber, worauf die Traumschlange verweist.
Um dies zu sehen, benötigen wir weder eine Symboldeutung (Schlange = Phallus) im Sinne Freuds noch eine subjektstufige Deutung (Schlange = die schlangenhafte Seite der Träumerin) im Sinne von C.G. Jung. Vielmehr fühlt sie sich – und das geht aus dem Traum unmittelbar hervor – durch alles Schlangenhafte bedroht. Ein Mensch jedoch, der sich so auf Schlangen und Schlangenähnliches einengt, davon gefangen ist und gleichzeitig voller Angst davor (Panik), dessen einziger Fluchtweg zur Mutter und in die Kirche führt, ein solcher Mensch kann auch die sinnenhaft-gefühlvolle Wirklichkeit einer erotischen Liebesbeziehung nicht voll erleben. Wie sehr bei der Patientin alles Tier- und Schlangenhafte die Bezugsmöglichkeiten zur Männerwelt stört, erlebte sie in einem weiteren Traum, *in welchem sie mit ihrem Manne im Bett liegt. Es kann jedoch nicht zur geschlechtlichen Vereinigung kommen, da es im Bett von großen Läusen, kleinen Schlangen und allem möglichen Ungeziefer wimmelt.*
Ein anderes Mal träumte die Patientin, *sie lese am Boden ihren Schmuck zusammen und lege ihn in eine Schmuckschatulle. Dabei wird sie von einem Rudel Hunde aller Rassen gestört. Sie flüchtet sich mit ihrem Schmuck in ein Haus.*[66]
Auch hier wiederum bedeutet die *Schmuckschatulle* nicht einfach ihr von wilden Trieben (Hunden) bedrohtes weibliches Geschlecht, das sie wie einen kostbaren Schatz in ein schützendes Haus rettet. Vielmehr war die Patientin, in ihrer frigiden Lebenshaltung, gerade und ausschließlich darauf bedacht, materielle Werte zu bewahren. Vom Wesen des Hundes erfuhr sie nur die Bedrohung, da sie derartig an dem leblosen Schmuck gehangen hatte, nicht aber die den Hunden ebenso wesensartigen Merkmale wie Wärme, Zutraulichkeit, Gutmütigkeit und „Treue".
Der Verlauf der Psychotherapie kann anhand von weiteren Traumerzählungen dargestellt werden. Anfänglich träumte sie noch häufig von *Schlangen*, dann von anderen *grusligen Tieren*. Menschliche Gestalten erlebte sie in den Träumen vor allem als *alte, abstoßende, karikierte, enthemmte und geile Alptraumfiguren*. Schließlich nahmen aber ihre Traumgestalten doch menschlichere Formen an. Ihre nun erstmals erwachende Sexualität kündigte sich in Träumen an, in denen *sie sich wie eine Hure vielen Männern hingab.* Gleichzeitig träumte sie sich als *Gefangene*, dann wiederum *als Heilige, die gefangene Männer besucht.*
Erst drei Jahre nach Beginn der Psychotherapie begann sich in den Träumen eine Entwicklung zu reiferen Existenzformen anzukündigen. Sie träumte sich als *junges Mädchen, das sich aus einer wachsenden Blütenpflanze herausschält, als verwunschene Prinzessin im Walde, als umworbenes Burgfräulein von edlem Geblüt,* und schließlich fühlte sie sich so frei, dass sie sich in ihren Träumen *so leicht wie Luft fühlen, auf eines Schwertes Spitze tanzen und als Ballerina in die Lüfte schweben konnte.*[67]
Erotische Zweisamkeit durfte sich nun in ihren Träumen ereignen, schließlich erweiterte sich ihre mitmenschliche Beziehungsfähigkeit soweit, dass sie anderen Menschen helfen konnte. So beispielsweise *rettete sie in einem Traum ihre Kammerzofe, die sich im Schlossteich ertränken wollte, nachdem sie ihr eine Ohrfeige verabreicht hatte.*
Ihre Welt wurde zusehends voller und schöner. Sie hielt sich in ihren Träumen in *Schlössern* und herrlichen Domen auf, träumend wurde sie Mutter *und durfte ein kleines Kind an ihrer Brust halten, sie sah sich mit ihrem Analytiker als Prinz und Prinzessin auf hohem Felsen*

stehend, in eine große, weite Landschaft blickend, aber auch still für sich in gemütvoller Atmosphäre zu Hause bei Kerzenschein musizierend.
Keine widerlichen Menschen- und Tiergestalten störten nunmehr das Traumleben der Patientin. Vielmehr sah sie *liebliche, reife Frauengestalten*, und schließlich träumte sie sich in einem *blühenden Garten, vollkommen glücklich und ruhig. Rings um mich blüht alles, die Weiden, die Apfelbäume, die Magnolien – die ganze Welt ist voll weißer, schimmernder Blüten. Man sieht nichts anderes mehr als Blumen, zwischendurch den blauen Himmel. Die Luft duftet süß, ich bin wunschlos glücklich. Ich denke, wie ist das möglich: Wir haben erst Anfang März, und es ist schon Frühling – gestern war es noch Winter.*
Alles in allem ist die Patientin "tatsächlich aus ihrer früheren winterlichen Kälte, aus der frigiden Atmosphäre", so Condrau abschließend zu diesem Fallbeispiel, "herausgetreten in einen wärmespendenden Frühling hinein".

Traumgedächtnis: Anleitungen zur Traumerinnerung

Bevor Sie selbst die Kunst der individuellen Traumdeutung trainieren können, folgen einige Übungen für die wichtigste Grundlage aller Trauminterpretationen: Sie müssen sich erst einmal an Ihre Träume erinnern, bevor Sie sie deuten können.
Die Traumforschung weiß nach einem halben Jahrhundert praktischer Erfahrung, dass *jeder* Mensch nachts viel und ausgiebig träumt – ob während dem Minimum von zwei Stunden oder fast während des ganzen Schlafs ist dabei unerheblich. Vollkommen unabhängig davon, ob man sich an seine Träume erinnert oder nicht, wir alle träumen stundenlang – Nacht für Nacht. Tatsächlich bekundeten in der letzten großen repräsentativen Traum-Umfrage 80 Prozent aller Deutschen, mehr oder weniger regelmäßig zu träumen, während nur jeder Fünfte meinte, „nie oder fast nie“ zu träumen. Viele empirisch forschende Traumpsychologen sind bei der Frage, ob man sich an seine Träume erinnern muss, um zufriedener, gesünder oder glücklicher leben zu können, zurückhaltend – im Gegensatz zu den praktisch mit Träumen arbeitenden Psychotherapeuten. Aber auch für Experten wie Michael Schredl spricht vieles dafür, dass sich der erinnerte Traum und die jeweilige „Traumarbeit“ positiv für den Träumer auswirken. Da wir ohnehin im Schlaf immer träumen, sind die prinzipiellen biologischen und psychologischen Funktionen des Traumes zunächst einmal grundlegend erfüllt. Auch in Träumen, an die Sie sich nicht erinnern, werden die Tagesereignisse und -probleme verarbeitet. Träume haben gewissermaßen eine „belohnende“ Extrafunktion: Man muss sich sicherlich nicht an sie erinnern, um leben oder überleben zu können. Doch wer sein Traumleben kennt, wird sich dadurch bereichert fühlen: Denn er fühlt, weiß und lernt gewissermaßen etwas mehr über sich und seine Welt.
Die Traumerinnerungen fallen relativ unterschiedlich aus, so wissen Frauen in aller Regel etwas mehr von ihren nächtlichen Träumen als Männer. Wie gut man sich an seine Träume erinnert, wird zwar auch von Faktoren wie Kreativität und Gedächtnisfähigkeit, der Schlafdauer – je länger, desto mehr Träume – schlechter Schlaf (häufiges Erwachen) oder Stress beeinflusst. Insgesamt ist deren Einfluss aber relativ gering, er wird insgesamt auf etwas unter zehn Prozent geschätzt. Das bedeutet beispielsweise, dass definitiv auch Menschen mit einem relativ schlechten Gedächtnis träumen – und sich an ihre Träume erinnern können.

Unabhängig von allen anderen Faktoren, ist die bei weitem entscheidende Größe bei der Traumerinnerung die *Motivation*: So gilt als sicher, dass sich selbst notorische Nicht-Erinnernde schnell daran gewöhnen, ihre Träume zu erinnern, wenn sie dies wirklich *wollen*. Die praktische Erfahrung zeigt, dass alle Menschen, die an ihren Träumen ein großes Interesse haben, ihre Traumerinnerung innerhalb kurzer Zeit drastisch verbessern können. Dass sich viele Menschen nicht für Träume interessieren oder sie als Unfug abtun, erklären viele raumpsychologen mit Vorurteilen und Klischees, die mit einer falsch verstandenen oder verabsolutierten Rationalität zu tun haben. Wenn aber selbst harte Rationalisten erfahren – in der Therapie oder durch beeindruckende persönliche Traumerfahrungen ihnen bekannter Menschen –, wie bedeutungsvoll Träume als Quelle für Problemlösungen sein können und dass sie unmittelbar mit dem eigenen emotionalen Leben zusammenhängen, kann in aller Regel auch ihr Interesse geweckt werden. Es lohnt sich einfach, Träume zu erinnern.

Wer also mit der Motivation und dem Willen einschläft, morgens seine Träume erinnern *und* notieren zu wollen, dem wird das in aller Regel auch gelingen. Ebenso einfache wie nützliche Hilfen sind ein Blatt Papier und ein Stift auf dem Nachttisch, um sich nach dem Aufwachen zumindest Stichwörter zu notieren. Diese können dann später ausgeführt und in ein Traumtagebuch eingetragen werden. Als übergeordnet gelten dabei die Einstellungen, die der amerikanische Traumforscher Harry Fiss seinen Probanden im Schlaflabor mit dem Crashkurs *Dream Enhancement* („Traumförderung") vermittelt. Für den Alltag eignen sich besonders folgende Instruktionen:

- Machen Sie sich bewusst, dass Träume wert- und bedeutungsvolle Erfahrungen sind, die dauernde, positive Effekte auf Ihren Alltag/Ihr Wachleben haben können.
- Nehmen Sie sich vor, vor dem Einschlafen über ein jeweiliges Problem zu träumen und es zu „lösen".
- Versuchen Sie auch am Tag über die Bedeutung Ihrer Träume nachzudenken. Was offenbaren sie über Ihre Persönlichkeit? Welche Hilfen offerieren sie?

Aus den praktischen Erfahrungen im Schlaflabor und der therapeutischen Praxis stammt die folgende Zusammenfassung der wichtigsten Tipps, wie Sie sich an Ihre Träume erinnern lernen:

- Legen Sie vor dem Zubettgehen Papier und Schreibzeug oder ein Diktiergerät bereit!
- Nehmen Sie sich abends fest vor, Ihre Träume aufzuschreiben!
- Entspannen Sie sich und lassen Sie vor dem Einschlafen nochmals ruhig den vergangenen Tag vorbeiziehen.[68]
- Machen Sie es sich zur Gewohnheit, beim Aufwachen ruhig liegen zu bleiben und sich zu fragen: „Habe ich gerade etwas geträumt?" Sie können sich am besten an Ihre Träume erinnern, wenn Sie beim Aufwachen nicht gleich aktiv werden – sinnen Sie buchstäblich noch ein wenig über die Nacht nach: Wenn Sie sich in dieser Phase gedanklich und emotional nicht sofort dem beginnenden, unruhigen Tagesgeschäft zuwenden, werden Sie sich gut an Ihre Träume erinnern können.
- Erfassen Sie ein „Bruchstück" von Ihrem Traum, sei es ein Wort, ein Gedanke, ein Teil der
  „Szenerie" oder ein Gefühl. Sehr häufig erinnert man sich an den ganzen Traum, wenn man sich zuerst mit einem Teil davon und seinen traumhaften Verbindungen

beschäftigt. Außerdem muss ein Traum keine romanhafte Geschichte erzählen, vielleicht besteht er nur aus der Erinnerung an ein Bild, einen Satz oder eine Stimmung. Wie das Beispiel des vermeintlich fragmenthaften „Eichhörnchen-Traums", sind auch solche „holographischen" Traumteile vollgültige psychische Phänomene.

- Gehen Sie in der Erinnerung vom Ende des Traumes an den Anfang! Oft erinnert man sich beim Aufwachen nur an das Traumende. Notieren Sie dies und überlegen Sie dann Schritt für Schritt, was jeweils zuvor passiert ist.
- Auch wenn Sie einen Traum nicht vollständig erinnern können: Achten Sie auf das vorherrschende Traumgefühl oder die Stimmung, die er vermittelt. Falls Sie sich nicht an den Traum oder ein Schlüsselwort erinnern, schreiben Sie zumindest auf, wie Sie sich beim Aufwachen gefühlt haben. Versuchen Sie, die Empfindungen zu beschreiben, die mit dem Traum verbunden sind, auch wenn Sie sich nicht an Details erinnern können. Selbst vage Vorstellungen können wichtig sein.
- Schreiben Sie sich Ihren Traum immer gleich nach dem Aufwachen auf, notieren Sie zumindest immer Stichworte!
- Führen Sie ein Traumtagebuch, in das Sie Ihre Träume regelmäßig eintragen, und werfen Sie direkt vor dem Schlafengehen einen Blick hinein.

In der praktischen Erfahrung hat sich das *Traumtagebuch* als sehr nützlich und sinnvoll erwiesen: Es dokumentiert und vertieft gleichermaßen Ihren immer selbstverständlicher werdenden Umgang mit den Träumen. Außerdem inspiriert es Sie – auf Dauer: Jeder Blick in Ihr persönliches Traumbuch erinnert Sie daran, wie hilfreich und sinnvoll die Logik der Träume ist. Wie jeder Psychotherapeut einen eigenen Stil der Traumdeutung entwickelt, werden auch Sie Ihre Träume individuell interpretieren und Ihr Traumtagebuch sehr persönlich führen. Formal können Sie sich an dem folgenden Muster orientieren.

Ihr persönliches Traumtagebuch

Machen Sie ab sofort ein neues Schreibheft, (Ring-)Buch oder Ähnliches zu Ihrem ganz persönlichen „Traumbuch". Natürlich können Sie Ihr Traumbuch auch auf Ihrem PC einrichten, doch die handschriftliche Dokumentation ist persönlicher. Außerdem wird die Dokumentation einfacher sein, da Sie schneller, flexibler in Ihren Eintragungen „springen" und etwaige Pfeile, Farben oder Ähnliches übersichtlicher eintragen können.

1. Notieren Sie zunächst das jeweilige Datum, die Tageszeit und die wichtigsten aktuellen Lebensumstände (Probleme/Freuden aller Art) sowie „Tagesgefühle" oder -stimmungen. Schreiben Sie alles kurz und wesentlich in Stichworten auf: Gab es Besonderes? Belastungen? Wichtige Entscheidungen? Glückliche Erlebnisse oder Entwicklungen? Gewöhnen Sie sich unbedingt an diese „Übung", bis sie Ihnen sprichwörtlich in Fleisch und Blut übergegangen ist. Damit fördern Sie Ihre Selbstreflexion und Sie werden schnell merken, wie klar und wie wichtig die Verbindungen zwischen Alltag und Traum sind.
2. Notieren Sie die nach dem Aufwachen erinnerten Stichwörter zu Ihrem Traum.
3. Legen Sie nun eine Tabelle mit drei Spalten und einer einzeiligen Titelzeile an. Übertragen Sie dann die vollständige „Traumstory" in diese drei Spalten.

4. In die linke Spalte tragen Sie zunächst Ihren Traum ein – vollständig von Anfang bis Ende, ohne den Traum oder einzelne Traumelemente irgendwie zu bewerten oder zu beurteilen. Achten Sie dabei auch auf alle „Kleinigkeiten“ (Gerüche, Farben, Eindrücke etc.) der anfänglich nur skizzierten Traumgeschichte. Schreiben Sie alles auf, an was Sie sich erinnern – lassen Sie im Wortsinne nichts aus!
5. In die mittlere Spalte notieren Sie sich dann anschließend alles, was Ihnen zu den jeweiligen Gefühlen, Worten, Symbolen etc. in Ihrem Traumbericht spontan einfällt und was sie dazu assoziieren. Auch hier gilt: keine Wertung und nichts auslassen.
6. Nun beginnen Sie mit der eigentlichen Traumarbeit. Orientieren Sie sich bei der Deutung an den im folgenden Kapitel geschilderten Schritten und Fragen – und notieren Sie jeweils in der rechten Spalte die für Sie endgültigen oder wirklichen Bedeutungen einzelner Elemente.
7. Geben Sie nun noch Ihrem Traum einen „Titel“ und tragen Sie ihn in der bis dahin noch leeren Zeile ein.
8. Fassen Sie Ihre Traumbotschaft in einem Satz oder einer Metapher zusammen, zum Beispiel: „Meine Aggressivität/ Nachgiebigkeit ist eine Krankheit“ oder „Ich muss mich mehr um meine ‚aggressiven‘ (oder ‚ausgleichenden‘) männlichen (weiblichen) Anteile kümmern, mich mehr durchsetzen (nicht immer mit dem Kopf durch die Wand gehen wollen)“.
9. Notieren Sie die für Ihr Wachleben wichtigsten praktischen Bedeutungen, dies kann eine einzige Handlung (A. anrufen!) oder sogar eine To-do-Liste mit mehreren Punkten (1. Im Beruf ab sofort dem/den Kollegen A/B/C gegenüber bestimmteres, klareres Verhalten zeigen. 2. In der Familie dito – vor allem gegenüber meinem/r Partner/in. 3. Festere Grenzen in mir selbst und anderen gegenüber festlegen.) sein.
10. Notieren Sie nun noch alles, was Ihnen unter „Sonstiges“ einfällt – Tagesreste, besondere „Tiefen“- oder Randbedeutungen Ihres Traums, Zusammenhänge zu anderen Träumen, offene Fragen (Unsicherheiten) etc.

Ein Beispiel dafür, wie Sie ein Traumtagebuch anlegen könnten, finden Sie auf Seite 78. Das beschriebene Vorgehen soll und kann Ihnen anfänglich helfen, ihre Träume systematisch auszuwerten und die Botschaften Ihrer Träume „richtig“ zu verstehen. Mit der Zeit werden Sie aber schnell merken, dass Sie Ihr ganz eigenes System zur Traumdeutung erfinden. Sie müssen sich also nicht absolut an dieses Schema halten. So werden Sie vielleicht mit Pfeilen, Farben und bestimmten Unterstreichungen, Umkreisungen oder ähnlichen Strukturen zu arbeiten beginnen, sobald Sie Zusammenhänge zwischen Ihren Träumen feststellen.

Falls Sie möchten, können Sie zusätzlich, in einem anderen Teil ihres Traumbuchs, die jeweiligen Symbole und die dazugehörigen Bedeutungen Ihrer Träume mitsamt der dazugehörigen „Querverweise“ alphabetisch auflisten. Oft träumen Menschen in gleichen oder ähnlichen Symbolen – und dann kann es eine Hilfe sein, sich nochmals an die früheren Symbolbedeutungen und Ihre „damaligen“ Lebensstimmungen und Kontexte zu erinnern.

Traumarbeit: Anleitungen zum Traumdialog

Mithilfe dieses Kapitels können Sie sich darin schulen, wie Sie Träume deuten. Entscheidend ist dabei, dass Sie sich vor jeder Deutung folgende „Regeln“ bewusst machen:

1. *Kultivieren Sie eine Haltung des Dialogs:* Was sagt Ihnen Ihr Traum? Jeder Traum, den Sie träumen, ist immer *Ihr* eigener – es geht um Ihr Leben und Ihre Gefühle, Gedanken, Handlungen und Probleme.
2. *Seien Sie ehrlich mit sich:* offen und selbstkritisch. Nicht jeder Traum kann nur „Gutes“ berichten. Betrachten Sie auch einen schlechten Traum als „Freund“, der Sie manches Mal auf Gefahren, Schwachpunkte oder eigenes Fehlverhalten hinweist.
3. *Offene Träume:* Nicht jeder Traum muss bis zur Neige gedeutet werden – es gibt immer wieder Träume, deren „eigentliche“ Botschaft auch geübten Deutern verschlossen bleibt. Akzeptieren Sie das einfach. Bestehen für Sie wichtige Zusammenhänge, dann werden sich diese auch früher oder später unverschlüsselter in Ihren Träumen mitteilen.
4. Achten Sie vor allem auf *Träume, die sich wiederholen* – also auf alle wiederkehrenden Träume, die sich in bestimmten Abständen mit dem gleichen oder einem (sehr) ähnlichen Thema beschäftigen. Dies gilt besonders für Angst- und Alpträume, die häufiger auftreten.
5. *Lebenshilfe*: Träume sind zu jeder wichtig. Besonders wertvoll können sie erfahrungsgemäß aber meist dann sein, wenn es Ihnen nicht so gut geht. Versuchen Sie daher noch mehr auf Ihre Träume zu achten, wenn Sie mit Krisen sind oder vor wichtigen Entscheidungen stehen.

Dazu ist es aus praktischer Erfahrung sinnvoll, auf folgende zwei Zusammenhänge hinzuweisen:

- Keine Angst vor *Angstträumen*: Gerade Angst als zentrales Traumgefühl kann die evolutionäre Aufgabe dieses Gefühls vermitteln und bewusst machen. Sie mobilisiert die leibseelischen Kräfte! Häufig geht es in Angstträumen im Kern um aggressive Anteile, die wir besonders in Krisenzeiten für das Durchhalten und Durchsetzen dringend benötigen.
- *Todesträume*: Das Symbol des Todes ist sehr vielschichtig, in aller Regel weist es den Träumer aber *nicht* auf das bevorstehende eigene Lebensende hin, sondern auf einen wichtigen Übergang: Etwas Altes muss bildlich sterben, damit sich das Neue entwickeln kann.

Die „Leitfäden“ und Anleitungen zur formalen und inhaltlich sinnvollen Deutung von Träumen, die Sie auf den folgenden Seiten finden, werden unabhängig von den jeweiligen Schulen der Traumdeutung dargestellt. Den Ansätzen übergeordnet ist die These, dass die Traumlogik und -sprache im Wesentlichen mit Symbolen und Assoziationen arbeitet. Und da es auch bei der Interpretation – neben den im Mittelpunkt stehenden Traumgefühlen – immer um *Symbole, Analogien* oder *Metaphern,* und *Assoziationen* geht, wollen wir uns mit diesen beiden grundlegenden Aspekten etwas genauer beschäftigen.

Symbole sind prinzipiell Sinnbilder, sie verweisen emotional und gedanklich auf etwas anderes. Die Rose zum Beispiel wird allgemein als Symbol für die „Liebe“ oder eine Flagge als Sinnbild für eine ganze „Nation“ verstanden. Häufig sind diese Assoziationen nicht nur im eigentlichen Wortsinne symbolisch – wie die Flagge, die außer dem Verweis auf die Nation nichts enthält –, sondern zudem *bildhaft* und *metaphorisch*: So kann beispielsweise ein *Keller* im Traum das persönliche „Untensein“ oder den „Niedergang“ versinnbildlichen oder *ein gemeinsamer Besuch im Krankenhaus* metaphorisch bedeuten: Die Beziehung, von der geträumt wurde, ist eine Krankheit. Als Faustregel kann gelten: Im Traum, genauer in Ihrem Traumbericht, können gleichsam alle Elemente symbolische und metaphorische Bedeutung haben – müssen sie aber nicht.

Übung: Traumsymbole

Versuchen Sie nun einmal selbst, im folgenden Traumbericht alle Elemente zu identifizieren, die gleichzeitig auch Symbole sind oder sein können:
Ich bin mit meiner Freundin B. unterwegs, irgendwie haben wir uns verfahren. Wir landen dann irgendwie in einem Bergwerk, und gehen den Weg nach unten in den Stollen. Danach sind wir in einem Krankenhaus und besuchen unseren Freund K. Dort sehe ich im Fenster, das wie ein Kreuz geschnitten ist, wie wir uns widerspiegeln: Wir sitzen nebeneinander und schauen aneinander vorbei – gleichzeitig ist draußen alles grün, sonnig und Frühling.
Überlegen Sie noch ein wenig, ob Sie alle Symbole gefunden haben, und prüfen Sie erst dann anhand der Lösungen, die auf dem Kopf stehen, nach.

Auflösung zu den Traumsymbolen: *unterwegs, verfahren, landen, Bergwerk, Weg, nach unten, Stollen, wir im Krankenhaus, besuchen, Freund, Fenster, Kreuz, widerspiegeln, nebeneinander, und schauen aneinander vorbei, draußen, Frühling.*

Wie Sie sehen, können praktisch immer *alle* Traumelemente eine symbolische oder metaphorische Bedeutung tragen, doch es muss nicht so sein. Auch wenn Träume immer komplex „verdichtet“ sind und ein weites Bedeutungsnetz in ihnen verborgen ist, sind es oft nur einige wenige, mitunter sogar nur ein einziges Element, das mit seinen symbolhaften, metaphorischen Verweisungen im Zentrum der eigentlichen Traumbotschaft steht.
Wenn Sie sich bewusst machen, welche unterschiedlichen Symbolformen es gibt, sollten Sie bedenken, dass ein Symbol genau das versinnbildlicht und metaphorisiert, was es darstellt. Wenn Sie zum Beispiel von einer Banane träumen, dann bedeutete das in einer Freudschen Trauminterpretation fast zwingend, dass deswegen phallische Assoziationen und Bedeutungen die eigentliche Rolle spielen. Demgegenüber betonen moderne Traumforscher wie Rosalind Cartwright, dass ein Traum von einer Banane genauso bedeuten kann, dass es tatsächlich um eine Banane geht. Die Betonung liegt auf „kann“: Die Banane kann für sich selbst stehen, sie kann aber auch etwas anderes symbolisieren – und das wiederum muss nicht immer das männlichen Genital sein. Was eine Banane oder alle anderen Elemente Ihrer Träume bedeuten, bleibt eine Entscheidung, die letztlich nur Sie treffen können. Auch der beste Traumkenner kann sie ihnen nicht abnehmen, denn niemand wird Ihre Träume besser verstehen als sie selbst. Jeder ist ein Experte seiner Träume, beschreibt der Traumforscher Michael Schredl diesen Umstand.

Symbolformen

Die folgende Liste, die sich an einer Arbeit des Traumpsychologen Glenn Koppel orientiert, verschafft einen Überblick, welche Symbolformen in Träumen vorkommen und unterschieden werden können.

1. *Das Symbol versinnbildlicht/metaphorisiert einen Aspekt der Persönlichkeit des Träumers.*

Im Traumelement erscheinen bestimmte Eigenschaften unserer Persönlichkeit. Wenn jemand beispielsweise von einem Wolf, einem Löwen, einem Pferd oder einer Katze träumt, dann könnten Eigenschaften gemeint sein, die dem entsprechenden Tier zugeschrieben werden, die sich aber dann auf den Träumer selbst beziehen. Auf dieser so genannten Subjektebene stellt sich immer die Frage: Symbolisiert oder repräsentiert dieses Traumelement mich oder Anteile meiner Persönlichkeit?
Träumt eine Frau beispielsweise von einem unbekannten Mann oder ein Mann von einer unbekannten Frau – unbekannt heißt dabei „gesichtslos" –, kann er sich fragen, ob diese Person ohne Gesicht als Symbol die männlichen oder weiblichen (Gegen-)Anteile seiner Person darstellt. In solchen Fällen geht es immer um eine Integration, eine Ganzheit oder eine erneuerte, ergänzte Vervollständigung unseres Seelenlebens. Tatsächlich braucht jede gesunde männliche Identität im psychologischen Sinne weibliche Anteile wie eine gesunde weibliche Identität männliche Anteile benötigt. Viele vermeintlich sexuelle Träume sollten daher auch oder zunächst auf dieser bildhaften Subjektebene assoziativ verarbeitet werden.

Beispiele:

- Eine Frau träumt vom sexuellen Akt mit einem Mann. Unabhängig von allen objekthaften Assoziationen zu diesem Symbol kann – und soll – sie sich zudem fragen: Was bedeutet es, wenn ich auch der Mann bin? Das Traumbild kann ihr einerseits signalisieren, dass sie die „Vereinigung" der psychischen Kräfte in sich vollziehen sollte, um damit emotionale Probleme und Unausgewogenheiten zu lösen oder andererseits, dass sie diese Vereinigung eigentlich schon vollzogen und damit die emotionalen Probleme aus dem Wachbewusstsein kaum bemerkt bereits bewältigt hat. Ausschlaggebend ist hier das vorherrschende Gefühl während der sexuellen Vereinigung.
- Ein Mann träumt, dass er vor einem offensichtlichen Lustmörder wegrennt, der ihm buchstäblich im Nacken sitzt und ihm das Messer in den Rücken rammen möchte. Kaum ein Mensch wird zunächst sagen: Ich bin diese dunkle Gestalt. Dennoch sollte er es tun, um in der Assoziation das nachholen zu können, was er im Traum gerade nicht tut: sich umdrehen, um genauer zu erkennen, wer ihn verfolgt. Dabei kann er sich fragen: Welche destruktiven Anteile trage ich in mir? Wie groß ist meine offensichtlich unerfüllte Lust oder Begierde, der ich nicht ins Auge sehen will? Sollten Sie solche oder ähnliche Träume haben und erkennen, fühlen oder ahnen, dass tatsächlich ein Bezug zu Ihrer eigenen Persönlichkeit besteht, dann denken Sie daran, dass Träume nie moralisch oder ethisch sind. Solche (Extrem-)Konflikte werden therapeutisch meist gelöst, indem die beiden Traum-Ichs, der tugendhafte Verfolgte und der weniger tugendhafte Verfolger, in einen Dialog treten und „Kompromisse" miteinander aushandeln und vereinbaren, sodass beide Anteile zum Tragen kommen können.

2. *Das Symbol versinnbildlicht/metaphorisiert Eigenschaften, die andere Menschen* dem Träumer *zuschreiben würden.*

In diesem Fall hilft die Auseinandersetzung mit klärenden Fragen wie: „Wie denke ich, denken die anderen darüber?" oder: „Was denke ich, wie die anderen über mich denken oder welche Gefühle sie mir gegenüber haben.

3. *Das Symbol versinnbildlicht/metaphorisiert ein persönliches Erlebnis des Träumers.*

Wo waren Sie am 11. September 2001, als Sie von der Zerstörung des World Trade Centers in New York erfuhren? Was für praktisch alle Menschen in derartigen weltweiten, universalen Ausnahmesituation gilt – Psychologen konnten zum Beispiel nachweisen, dass fast 100 Prozent aller Menschen genau wissen, wo sie waren, was sie gedacht und gefühlt haben, als sie von dem Attentat auf und der Ermordung von John F. Kennedy gehört haben –, betrifft auch Sie, was Ihre ganz persönlichen, wichtigen Erfahrungen angeht: Immer werden mit einem bestimmten Ereignis bestimmte persönliche Gefühle und Gedanken assoziiert. Marcel Proust hat diesem Phänomen in seiner monumentalen *Suche nach der verlorenen Zeit* durch die „in Tee getauchten Madeleines", die bei seinem Protagonisten starke Kindheitserinnerungen wecken, literarische Unsterblichkeit und sprichwörtliche Bedeutung verliehen. Im Original: „Viele Jahre lang hatte von Combray außer dem, was der Schauplatz und das Drama meines Zubettgehens war, nichts mehr für mich existiert, als meine Mutter an einem Wintertag, an dem ich durchfroren nach Hause kam, mir vorschlug, ich solle entgegen meiner Gewohnheit eine Tasse Tee zu mir nehmen. Ich lehnte erst ab, besann mich dann aber, ich weiß nicht warum, eines anderen. Sie ließ daraufhin eines jener dicklichen, ovalen Sandtörtchen holen, die man ‚Petites Madeleines' nennt und die aussehen, als habe man als Form dafür eine gefächerte Schale einer Jakobsmuschel benutzt. Gleich darauf führte ich, ohne mir etwas dabei zu denken, doch bedrückt über den trüben Tag und die Aussicht auf ein trauriges Morgen, einen Löffel Tee mit einem aufgeweichten Stück Madeleine darin an die Lippen. In der Sekunde nun, da dieser mit den Gebäckkrümeln gemischte Schluck Tee meinen Gaumen berührte, zuckte ich zusammen und war wie gebannt durch etwas Ungewöhnliches, das sich in mir vollzog. Ein unerhörtes Glücksgefühl, das ganz für sich allein bestand und dessen Grund mir unbekannt blieb, hatte mich durchströmt. Es hatte mir mit einem Schlag, wie die Liebe, die Wechselfälle des Lebens gleichgültig werden lassen, seine Katastrophen ungefährlich, seine Kürze imaginär, und es erfüllte mich mit einer köstlichen Essenz."[69]

Das mächtige Gefühlserlebnis – hier die Freude – wird also durch eine „intuitive Erinnerung" infolge eines zufälligen, eher unbewussten, unwillkürlichen Sinneseindrucks ausgelöst: Die Empfindung beim Essen des Gebäckstücks versetzt den Protagonisten in seine frühere Kindheit zurück und öffnet ihm eine Fülle ganz persönlicher Erinnerungen und Gedanken. Dieses Proustsche Meisterstück in Sachen Symbol-Assoziation ist ein Idealbild für alle Traumelemente: Hatte man im Traum beispielsweise eine intensive Liebesbeziehung mit einem Partner oder einer Partnerin, der oder die besonders gerne Bananen aß, dann wäre es für den Träumer wichtig, diese Assoziation in allen Einzelheiten zu berücksichtigen – unabhängig von anderen Assoziationen.

4. *Das Symbol stellt ein Wortspiel dar.*

Fast in jedem Traum müssen Sie damit rechnen – eigentlich bedeutet dies, dass Sie sich darauf freuen können –, dass solche verbalen Assoziationen auftauchen. Sie gelten immer als wichtige Grundlage für die Traumdeutung. Die Zusammenhänge basieren auf Sprachbildern, Sprüchen, Redewendungen, Metaphern und der grundsätzlichen Mehrdeutigkeit der meisten Begriffe unserer Sprache.
So könnten die folgenden, völlig beliebig ausgewählten Traumelemente vor dem Hintergrund ihrer „wörtlichen" Bedeutung durch die angeführten verbalen Assoziationen und Wortspiele erschlossen werden:

A) *Keller* symbolisiert (a) Keller (welche Keller kennen Sie?), (b) „im Keller sein"/ganz unten sein, c) „in den Keller gehen" (abrutschen, schlechter werden etc.).
B) *Schild*: (a) Schutzschild, (b) Schildbürger, (c) „etwas im Schilde führen" (wer gegen wen?) d) „jemanden auf den Schild heben" (wer wen?).
C) *Schwindel*: (a) Schwindel im Sinne von „Karussell", in dem sich der Träumer befindet, (b) schwindeln in Sinne von „lügen", (c) beschwindelt werden im Sinne von „belogen werden".
D) *Gehen*: a) Gehen im Sinne von „Gang"/„Weg"/„Reise" (seinen Weg gehen), b) „es geht", c) „es geht nicht" – etc.

Suchen Sie also nicht nur nach emotionalen und „bildhaften" Assoziationen, sondern prüfen Sie, ob symbolische Traumelemente auch „Wortspielereien" oder Andeutungen beinhalten. In diesem Falle gilt für die erste „Bestandsaufnahme" ebenfalls: alles zulassen – keine Wertungen!

5. Schließlich können Träume auch *übergeordnete Erfahrungsmuster* symbolisieren:

In Ausnahmefällen träumen wir im Jungschen Sinne „archetypisch": von weisen alten Männern oder Frauen (von „Heiligen" und „Weisen" ebenso wie „teuflischen Dämonen", „Hexen" oder anderen Schattenfiguren), der großen Mutter, einer Initiation, einer offensichtlichen Odyssee („Heldenreise") oder ähnlichen Märchen- und Mythenstoffen.
Ohne allzu sehr auf die spezifische Interpretation nach Jung und seine Archetypentheorie einzugehen, wonach diese archetypischen, überindividuellen Träume die Individuation („Selbstverwirklichung") des Menschen gleichsam mit neuen Kraftfeldern unterfüttern, erschließt sich die Bedeutung dieser Traumsymbole und -metaphern für den persönlichen Alltagsgebrauch über Fragen wie: Welche Gefühle assoziieren Sie als Träumer damit? Welche Bilder und
Bedeutungen? Welche Gefühle und welche Beziehungen gibt es zu Menschen im eigenen Leben? Und welche zu sich selbst? etc. So ist die „Große Mutter" zwar ein für alle Völker und Kulturen zeitübergreifendes und überindividuelles Symbol, aber die Muttererfahrung selbst ist immer individuell: Was für den einen Liebe und Geborgenheit bedeutet, ist für andere mit Härte und Kälte oder gar einer erstickenden Geborgenheit verbunden.

Übung: Symbol-Assoziationen I

Schauen Sie sich nun nochmals das Beispiel von C. G. Jung zur Assoziation an (siehe Seite 34) und versuchen Sie, die jeweiligen therapeutischen Symbol-Assoziationen einer der gerade geschilderten fünf Symbolmöglichkeiten zuzuordnen.

Traumbericht: „Symbole“	Assoziationen	Symbolmöglichkeit (Nr. 1 bis 5)

Prinzipiell empfiehlt es sich, bei der „Entzifferung“ der Traumsymbole und der Assoziationen die folgenden drei übergeordneten „B-Regeln“ zu beachten:

1. *Brainstorming*: Es ist *alles* erlaubt, was Ihnen assoziativ zu einem Symbol einfällt – bildlich, emotional und sprachlich sowie persönliche Erfahrungen und Gefühle, Politisches und Gesellschaftliches, Sprüche, Sprachbilder oder Redensarten etc.

2. *Balance*: Bleiben Sie auch bei der Assoziation flexibel und vermeiden Sie Übertreibungen: „Der Traum von einer Banane“, so die Einsicht der Traumpsychologin Rosalind Cartwright, „ist vielleicht wirklich der Traum einer Banane.“

3. *Bauch*: Entscheidend sind Ihr *Gefühl* und die emotionale Resonanz, die die Assoziation zu einem Wort- oder Bildsymbol bei Ihnen weckt. „Betrifft mich oder betrifft mich nicht“, lautet die emotionale Entscheidung, oder „hat mit meiner momentanen Lebenssituation zu tun oder nicht“. Das funktioniert in den meisten Fällen – unter einer Bedingung: Sie müssen ehrlich mit sich selbst sein.

So betont Traumforscher Wilhelm Freund, das Verstehen eines Traums bedeute das intuitive Erfassen einer persönlichen Wahrheit, wenn man sich „im Innersten getroffen“ fühlt. Ein solches Verstehen geht immer mit einer festen Gewissheit einher. Falls diese Gewissheit nicht aufkommt, ist es immer besser, einen Traum unverstanden zu lassen, als eine Deutung zu erfinden, die in die Irre führt. „Bescheidenheit und Selbstbegrenzung“, so der Traumtherapeut, seien dabei „der beste Schutz“.[70]

Übung: Symbol-Assoziationen II

Nehmen Sie sich nun einen *eigenen* Traum vor – den ersten, an den Sie sich in diesen Sekunden spontan erinnern. Sie können entweder einen aus der vergangenen Nacht oder einen weiter zurückliegender Traum mit bleibendem Eindruck wählen.

1. Notieren Sie Ihren Traum zunächst stichwortartig, erstellen Sie eine Traumskizze.

Traumskizze (in Stichwörtern)

2. Tauchen Sie nun tiefer in den wieder gegenwärtigen Traum ein und schreiben Sie ihn, wie auf Seite 70 bereits dargestellt, vollständig in Ihr Traumtagebuch in die linke Spalte ein.
3. Identifizieren Sie die Traumelemente und -symbole Ihres Traums und notieren Sie nun in der zweiten Spalte, welche Assoziationen Ihnen dazu einfallen. Schreiben Sie alles auf – ohne irgendwelche Wertungen oder Urteile!

Traumtagebuch Datum und Tageszeit:
Aktuelle Situation/ Lebensumfeld/ Stimmung:
Titel:

Mein Traumbericht	Symbole – Assoziationen (allgemein)	Bedeutung (Verbindung zu meinem Alltag)
To do		
Sonstiges		

Traumdeutungen: Modelle und Strukturen

Im Folgenden finden Sie drei Beispiele professioneller Traumdeutungsschemata – prüfen und entscheiden Sie selbst, welche "Methode" Sie am meisten überzeugt.
Am Anfang steht das *Fragen.* Alle „Frage-Systeme“ sind ähnlich, die folgende strukturelle Darstellung orientiert sich an sinnvollen Gedanken des Psychologen und Therapeuten Hans Bürki, der es als eine „Kunst“ versteht, gegenüber „den Träumen gut nachzufragen“. Dabei integriert er in den Fragen verschiedene Ansätze, um vorschnelle, dogmatische Interpretationen zu umgehen. Dabei ist es sehr vorteilhaft, dass Bürki seine sieben Grundfragen mit Deutungsbeispielen an einem zunächst vermeintlich unscheinbar wirkenden „Traumfragment“ einer seiner Patientinnen verdeutlicht. So kann es gleichzeitig zeigen, dass auch Traumsplitter sehr bedeutsam und hilfreich sein können:
Eine junge Mutter von drei Kindern träumt, dass sie in einem Park spazieren geht und ihr plötzlich ein Eichhörnchen auf die rechte Schulter springt. Sie erschrickt und wacht auf.[71]

Traumdeutungsschema 1: sechs Fragen an den Traum

1. Die Frage nach dem Gefühl Sie verkörpert gleichsam die „Frage aller Traumfragen“:
   - Wie fühlte ich mich und was fühlte ich während des Träumens? („Traumgefühle“)
   - Wie fühle ich mich beim Aufwachen und beim nachfolgenden Aufschreiben (oder Aufsprechen auf ein Aufnahmegerät)?

Damit trägt er auch der Erkenntnis Rechnung, dass viele Träumer sich ihrer Gefühle erst bewusst werden, wenn sie beginnen, genau bei sich selbst nachzuforschen. Träume sind immer emotional – meist mehr als weniger. So geben nur 0,8 Prozent aller Personen in Traumstudien an, keine Gefühle erlebt zu haben.
Die Traumlogik ist nicht dem alltagsregierenden Verstand mit klaren Raum- und Zeitkategorien unterworfen, sondern der Traum schöpft übergeordnet aus allen kognitiven und psychischen Quellen. Dennoch sind Träume nicht willkürlich: So geht der experimentell arbeitende Traumforscher Ernest Hartmann davon aus, dass den Träumen die ordnende Kraft der „emotionalen Weisheit“ zugrunde liegt: Unsere Emotionen sind nicht nur reine Gefühle, sondern in ihnen ist auch immer etwas Wissen enthalten – im Traum sind sie ebenso komplex, wie sie sein können, wenn wir bestimmte „Lebensstimmungen“ erfahren. Therapeuten wissen, dass diese
„Gefühle“ nur in vielschichtigen Bildern und verweisungsstarken Metaphern ausgedrückt werden können.
So berichten zum Beispiel stark traumatisierte Klienten ihre oft diffusen, aber immer komplexen existentiellen Zustände, Befindlichkeiten oder Stimmungen in emotionalen Metaphern wie
„tickende Zeitbombe kurz vor der Explosion“, erlebten ihr Dasein als „Wiederholung eines nicht endenden Horrorfilms“, fühlten sich als „Roboter ohne Gefühle“ oder lebten „in einer Höhle, aus der es kein Entkommen gibt“.
Und genau diese komplexen Stimmungen werden in Träumen

„umgesetzt“: Sie führen Regie und leiten die Dramaturgie. Dies erklärt im Übrigen auch, warum wir nie vom Verstand her entscheiden können, ob eine Deutung richtig ist oder nicht, sondern immer nur emotional, aus unserem Bauch heraus.
Um den Emotionen in Ihren Träumen und ihrer Bedeutung auf die Spur zu kommen, können Sie sie mit folgenden Fragen genauer bestimmen:

- Sind Ihnen die Gefühle des Traums auch aus dem Tages- und Wacherleben *bekannt*? Dann wollen die Träume die Tagesgefühle verstärken oder zum bewussteren Verarbeiten rückmelden.
- Erfahren Sie die Nachtgefühle als *gegensätzlich* zum aktuellen Tageserleben? In diesem Fall sollten Sie akzeptieren, dass der Traum Ihnen mitteilt, dass Sie auf diese verdrängten, vergessenen oder sonst wie „verlorenen“ Gefühle verstärkt achten und sie wieder integrieren sollten. Dies gilt auch übergeordnet: Wenn Sie sich am Tag als einen friedlichen Mensch erleben, können Sie überrascht werden, wenn Sie nachts in aggressive, beängstigende, ja destruktive Gefühle verwoben sind.

Zum Traumbeispiel

„Die Träumerin konnte zunächst nicht viel mehr beibringen, als dass sie beim Erwachen erschrocken war, überrascht, von etwas Unvorhergesehenem angesprungen. Angst hatte sie nicht; aber durch die Frage wird ihr bewusst, dass sie während des Umhergehens im Park ein Gefühl der *Trauer* (Hervorhebung des Autors) hatte. Als sie dem weiter nachfragt, sagt sie, sie wusste nicht so recht, was tun in diesem Park.“[72] In ihrem Traum herrschen also zwei Gefühle vor: Erschrecken und Trauer.

2. Die Frage nach der Realität

Bei dieser Frage haben wir es mit dem wiederholt angesprochenen Zusammenhang zu tun, den die moderne Traumforschung als Kontinuum zwischen Wach-Ich und Traum-Ich bezeichnet. Für die praktische Deutung bedeutet dies, dass alles, was im Traum passiert, hinterfragt werden soll und muss: Was habe ich mit diesen Traumelementen oder -personen in der Wirklichkeit zu tun?

Zum Traumbeispiel

„Die Mutter erinnert sich zwar an einen Park“, schildert Bürki, „in dem sie öfter spazieren geht, aber sie kann sich nicht erinnern, auch wenn sie sich noch so sehr anstrengt, in der Realität einem Eichhörnchen begegnet zu sein. Erst nach einiger Zeit kommt ihr plötzlich der Realitätsbezug in den Sinn: Sie erzählt, dass sie vor einigen Tagen mit den Kindern im Fernsehen einen Trickfilm gesehen habe. Und in diesem Trickfilm sah sie ein Eichhörnchen, das in einem Rad springt und nicht von der Stelle kommt, weil sich das Rad fortwährend dreht.“[73]

Bei der Frage nach der Realität wird also keinesfalls gedeutet, sondern nur hinterfragt. Immerhin haben die bisherigen beiden, bewusst nicht und nie deutenden Fragen schon zwei wichtige Aspekte für eine Deutung geliefert: das offensichtlich wichtige (Lebens-)Gefühl der Trauer und das irgendwie bedeutsame „TV-Eichhörnchen", das die Mutter gemeinsam mit ihren Kindern gesehen hat.

3. Die Frage nach dem „Kern"

Oft klärt sich diese Frage gewissermaßen von selbst – es ist das Thema oder der „Titel", den Sie Ihrem Traumbericht geben, wenn Sie etwas darüber nachgedacht und -gesonnen haben. Wer von einem Unterwegssein oder einer Reise mit seiner Partnerin/seinem Partner oder einem Streit mit seinem Chef träumt, für den ist der Kern eindeutig.

Zum Traumbeispiel

„Für unsere Träumerin ist es nicht die Frau, die im Park wandelt, sondern das springende Eichhörnchen, das den Kern ausmacht. Und hier verbindet sich bei ihr das Traumfragment mit der Erinnerung vom Fernsehen: Sie erschrickt, sie spürt, dass zwischen dem Eichhörnchen, das im Rad springt, und dem, was vom Baum auf ihre Schultern springt, ein enger Zusammenhang besteht. Sie erinnert sich jetzt, dass sie in jenem Moment beim Fernsehen gedacht hatte:
‚So ist das Leben' – nämlich ein sinnloses Rennen im Rad bis zur Erschöpfung."[74]

Entscheidend ist hier also, dass die Frage nach dem Kern zu einer spontanen Wortassoziation zu dem Begriff „Eichhörnchen" führte, die ihr als wichtige Metapher für Ihre Lebensprämisse erschien: „Das Leben ist ein erschöpfendes Eichhörnchen-Rad." Der Traum „spielt" mit der Trauer und einem Tagesgedanken – dem Tagesrest, den sie wieder verdrängte oder als unerbeten verdrängt.

4. Die Frage nach dem „Wesen"

Hans Bürki schreibt dazu: „Wesentlich ist an der Frau im Traum, dass sie allein spazieren geht (und das damit verbundene Gefühl leiser Trauer). Zum Wesen des Parks gehört, dass er eine vom Menschen geschaffene Kunstlandschaft ist, gezähmte Natur, in der alles schön geordnet, geschnitten, gereinigt, geplant, gepflegt ist. Zum Wesen des Eichhörnchens gehören seine Freude am Springen, seine Behändigkeit, seine zierliche Art, seine Unabhängigkeit. Überraschend wird es nun, wenn nach dem Wesen des Kerns gefragt wird. Das eine Eichhörnchen rennt sinnlos im sich bewegenden Rad, das andere springt von einem Baum auf eine Menschenschulter. Dieser Sprung ist das Entscheidende. Es ist wie ein Herausspringen aus dem Rad, ein Anspringen zu einer Begegnung, eine Einladung zu einem Spiel oder für ein Nüsschen, ein Wagnis, etwas Überraschendes, das zugleich erschreckt. Durch diesen Sprung sind die Einsamkeit der Frau und die des Eichhörnchens im Ansatz überwunden. Der Sprung ist der schöpferische Ansatz der Seele, um aus dem Trott, aus dem sinnlosen Trott im Rad herauszukommen."[75]

Der Traum öffnet also in der Gestalt des Eichhörnchens eine emotionale – und kognitive – Lösung für das tiefer liegende Problem der Trauer und Traurigkeit der Patientin.

5. Die Frage nach dem „Traumsubjekt“

Hatten wir es bisher mit der so genannten Objektebene von Träumen zu tun – die Traumelemente oder -personen werden als reale Objekte behandelt –, geht es nun um die vor allem von C. G. Jung ausgeführte, aber schon von Sigmund Freud thematisierte Subjektebene: Man kann jedes Traumelement oder jede Traumperson daraufhin überprüfen, ob und welche Eigenanteile des

Träumers sie darstellen: Der Traum wird so betrachtet eine Darstellung und Handlung von verschiedenen Elementen, Aspekten und der eigenen Person.

Zum Traumbeispiel

Bei unserem Beispiel des Traumfragments kann sich die Frau in folgende Rollen begeben:

- Ich bin die einsame Frau im Park.
- Ich bin der Park.
- Ich bin der Baum, von dem das Eichhörnchen springt.
- Ich bin das Eichhörnchen.

Dazu Bürki: „Interessant ist nun, dass sich die Frau, als sie diese Verpersönlichungsstadien durchgeht, in der Spannung sieht zwischen den zwei Verhaltensweisen des Eichhörnchens. Sie sagt: ‚Am *meisten Gefühl habe ich* zu Beginn, am nächsten geht mir das Eichhörnchen im Rad. Dazu heißt es am deutlichsten in mir: Das bin ich! So fühle ich mich. So sehe ich das Leben‘.“[76]

Damit wird vertieft, was sich schon in der Metapher, die bei der vorangegangenen vierten Frage nach dem „Wesen“ im Mittelpunkt stand, andeutete: Das Traumsymbol des „Eichhörnchens“ steht für eine emotionale und kognitiv belastende Weltsicht der Träumenden – die wie bei Sysiphos letztlich sinnlose Tätigkeit des sich Drehens im Rad.

Gleichzeitig zeigt der Traum aber seine Funktion als „Problemlöser“. So berichtet Bürki weiter: „Während die Träumerin sich nun mit dem vom Baum auf die Schulter springenden Eichhörnchen beschäftigt, geht ihr auf, wie mutig, kühn, keck dieses Tier ist, und sie spürt, dass mehr psychische Energie in dieses Bild, in dieses Eichhörnchenbild übergeht, sodass sie sich davon angezogen fühlt. Sie spürt da eine eigene neue Lebensmöglichkeit.“[77]

Im weiteren Verlauf der Traumdeutung wird deutlich, dass diese Öffnung zum anderen, zum im Traum offerierten *neuen* Verhalten des Eichhörnchens durch die Frage nach dem Park, genauer seinem „Gegenstück“, unterstützt wird: Eigentlich liebe sie wilde Landschaften, erkennt die Träumerin – und auch, dass diese ein Gegenstück zu ihrer eigenen Seelenlandschaft verkörpert, die ihr so vorkommt: „sehr gezähmt, ja eben wie ein Eichhörnchen eingekerkert, eingezäunt“.

6. Die Frage nach dem persönlichen „Sinnbild"

Sinnbild meint nichts anderes als Symbol – und zwar an dieser Stelle das übergeordnete: So wie sich zu jedem Buch eine Grundthese formulieren lässt und jede noch so komplexe Gestalt ein im Vordergrund stehendes Charakteristikum besitzt, das sich deutlich heraushebt, hat jeder Traum eine Botschaft. Sie kann durchaus sehr komplex sein, so wie das reale Problem im Leben des Träumers, dennoch lässt sie sich in aller Regel in einer *Metapher* wiedergeben. Machen Sie sich einmal bewusst, wie komplex Metaphern wirklich sind – wenn sie nicht einfache Sprachbilder oder Redewendungen wie Motorhaube oder Glühbirnen meinen.
Die Metapher beschreibt nicht, sondern lässt erleben. Für Hans Georg Gadamer führt metaphorisches Denken auf einer höheren Stufe zu einem besonderen „Sehen als": Metaphern betrachten wir nicht einfach als vermeintliche Sprachbilder, sondern in ihnen erleben wir unsere Welt. Wenn wir uns mit Metaphern und neuen metaphorischen Denk- und Sprachbildern beschäftigen, blicken wir nicht konkret auf ein Bild, sondern das „Bild" motiviert unsere Kreativität und Fantasie genauso wie den Verstand und unsere Emotionalität.
Das metaphorische Bedeutungsfeld transportiert und öffnet daher immer mehrere Aspekte, die situativ verstanden werden können. So vermittelt selbst das etwas einfache und klischeehafte „er kämpfte wie ein Löwe" in kompakter Weise so viele Nuancen innerhalb eines komplexen kommunikativen Vorgangs, dass jede andere Beschreibung der Atmosphäre, Spannung und Dramatik hölzern und reduziert erscheinen müsste. Ähnlich transportiert die metaphorische Beschreibung, jemand habe wie *versteinert* reagiert, viele Schattierungen eines komplexen emotionalen Prozesses – gelähmt, gefühlskalt, teilnahmslos, erstarrt etc. Der französische Philosoph Paul Ricoeur beschreibt Metaphern als ein Gedicht, eine eigene kleine Erzählung, die eine handliche Darstellung eines komplexen Ereignisses liefert, ohne die Botschaft in allen Einzelheiten auszubuchstabieren.
Jedes metaphorische Bedeutungsfeld gibt viel zu denken, zu sehen und zu fühlen. Es „schwingt" gewissermaßen so, dass es einen ganzen Komplex von kognitiven Assoziationen, Vorstellungen und Emotionen hervorruft. Kognitionsforscher erklären diese multifunktionale Dimensionalität metaphorischen Denkens damit, dass es links- und rechtshemisphärische Prozesse geradezu ideal integriert. Auf der einen Seite stehen die schnellen, gleichsam üppigen symbolischen und emotionalen „Bilder", auf der anderen Seite die langsamen, rational geordneten Strukturen der Logik und der Sprache.
Diese metaphorischen Bedeutungsfelder sind sehr umfassend. Zum Beispiel denken, handeln und fühlen wir im Bereich des Wissens mit dem metaphorischen Konzept „Wissen ist Sehen" – und meinen damit unzählige alltägliche Formulierungen wie „das habe ich eingesehen", „das scheint offensichtlich", „ein scharf umrissener Gedanke", „ich reflektiere dies", „er ist der Ansicht", „ihm ging ein Licht auf", „ich will dir dies klarmachen", „alles blieb im Dunkeln", „es war eine Erleuchtung" etc. Diese Metapher transportiert eine Vielzahl von Bedeutungen, wobei umgekehrt alle alltäglichen Formulierungen an sich sinnlos und bedeutungsleer bleiben müssten, wenn wir ihren Sinn nicht innerhalb der metaphorischen Bedeutungsdimension „Wissen ist Sehen" erschließen würden.

„Sprachspiele"

Welche Komplexität und Bedeutungsvielfalt unsere zentralen Traummetaphern vermitteln, bringt uns das philosophisch sehr einflussreiche Konzept der „Sprachspiele" im Sinne Ludwig Wittgensteins näher. Er sieht Sprache nicht durch zeitlos gültige logische oder linguistische Regeln und Gesetze begründet, vielmehr stehen seiner Theorie nach alle sprachlichen Strukturen, abhängig vom situativen Kontext, in einer eher losen Verknüpfung oder weisen eine Ähnlichkeit auf. Genauer handelt es sich um „Familienähnlichkeiten", auf denen unsere Sprachspiele basieren und die sie durchziehen. „ Betrachte zum Beispiel einmal die Vorgänge, die wir ‚Spiele' nennen", schreibt Wittgenstein in seinen p*hilosophischen Untersuchungen*. „Ich meine Brettspiele, Kartenspiele, Ballspiele, Kampfspiele usw. Was ist allen diesen gemeinsam? – sag nicht: „Es muss ihnen etwas gemeinsam sein, sonst hießen sie nicht Spiele" – sondern schau, ob ihnen etwas gemeinsam ist. – Denn wenn du sie anschaust, wirst du zwar nicht etwas sehen, was allen gemeinsam wäre, aber du wirst Ähnlichkeiten, Verwandtschaften sehen, und zwar eine ganze Reihe. Wie gesagt, denke nicht, sondern schau! Schau dir zum Beispiel die Brettspiele an, mit ihren mannigfachen Verwandtschaften. Nun geh zu den Kartenspielen über: Hier findest du viele Entsprechungen mit jener ersten Klasse, aber viele gemeinsame Züge verschwinden, andere treten auf. Wenn wir nun zu den Ballspielen übergehen, so bleibt manches Gemeinsame erhalten, aber Vieles geht verloren. Sind sie alle unterhaltend? Vergleiche Schach mit dem Mühlefahren. Oder gibt es überall ein Gewinnen und Verlieren, oder eine Konkurrenz der Spielenden?
Denk an die Patiencen. In den Ballspielen gibt es Gewinnen und Verlieren; aber wenn ein Kind den Ball an die Wand wirft und wieder auffängt, so ist dieser Zug verschwunden. Schau welche Rolle Geschick und Glück spielen. – Und so können wir durch die vielen, vielen anderen Gruppen von Spielen gehen, Ähnlichkeiten auftauchen und verschwinden sehen."[78]

Wittgenstein kommt nach den Betrachtungen über die große und weite metaphorische „Spielwelt" der Sprache zu folgendem Schluss: „Wir sehen ein kompliziertes Netz von Ähnlichkeiten, die einander übergreifen und kreuzen. Ähnlichkeiten im Großen und Kleinen. Ich kann diese Ähnlichkeiten nicht besser charakterisieren als durch das Wort ‚Familienähnlichkeiten'; denn so übergreifen und kreuzen sich die verschiedenen Ähnlichkeiten, die zwischen den Gliedern einer Familie bestehen: Wuchs, Gesichtszüge, Augenfarbe, Gang, Temperament etc., etc. Und ich werde sagen: Die ‚Spiele' bilden eine Familie."[79]
Wie mit dem Sprachspiel Wittgensteins verhält es sich letztlich mit allen komplexen Welten, die in unseren Träume behandelt und bewältigt werden: Die Differenzierungen des jeweiligen Komplexen können nicht in Begriffe gefasst werden. Deshalb sind unsere Träume im Übrigen auch symbolisch und letzten Endes metaphorisch. Wir können die unübersichtlichen Zusammenhänge unseres Lebens in der Wirklichkeit wie im Traum nicht auf einen „eigentlichen" Begriff bringen: Wir müssen sie metaphorisch formulieren. Und unsere Träume machen dies meisterhaft. Was ist zum Beispiel das Leben? Die Antwort ist immer metaphorisch: Reise oder Kunst oder Kampf und vieles mehr – und unter Umständen auch all dies zusammen.

Beispiele: das Metaphorische

Da Metaphern für unsere Träume eine so fundamentale Rolle spielen, machen Sie sich die Bedeutung des Metaphorischen einmal kurz an den folgenden zwei Beispielen bewusst.

- *Was ist Zeit?* Die wichtigste Antwort ist eine Metapher: Zeit ist Raum – „Weihnachten steht vor der Tür", „der Termin ist zu weit weg, zu nah" etc. Daneben steht eine weitere Metapher: Zeit ist Geld. Um zu verstehen, wie umfassend diese eher nachgeordnete Zeit-Metapher in sich strukturiert ist, genügt es, sich einige unserer Alltagsformulierungen bewusst zu machen, in denen wir Zeit als Geld beschreiben und wahrnehmen: „Das kostet mich zu viel", „Fernsehen ist vergeudete Zeit", „Ich habe keine Zeit zu verschenken", „Das hat mir Zeit gespart", „Diese Autopanne kostete mich eine Stunde", „Ich habe in diese Beziehung viel Zeit investiert" etc.

- *Was ist Liebe und Partnerschaft?* Auch hier ist eine der wichtigsten Antworten eine Metapher: Liebe ist eine Reise. Wenn die oder einer der Partner so denkt, dann spricht er in folgender Alltagssprache: Wir sind nun am „Scheideweg", „Schau, wie weit wir gekommen sind", „Wir müssen jetzt getrennte Wege gehen", „Wir sitzen fest", „Die Beziehung ist in einer Sackgasse", „Unsere Ehe ist auf Grund gelaufen", „Wo stehen wir in unserer Beziehung", „Wir sind auf das falsche Gleis geraten", „Bei uns herrscht momentan Leerlauf", „Unsere Beziehung ist dabei unterzugehen" etc.

Träumen bedeutet letztlich „denken" in Bildern und Emotionen. Dabei werden unglaublich viele Eindrücke, wie bei einem Puzzle aus hunderten oder tausenden Einzelstücken in verschiedenen Formen, zu einem Gefühlseindruck und einem zentralen Sinnbild zusammengefügt: Die Traummetapher als übergeordnetes Sinnbild und als eigentliche Traumbotschaft. Wie bereits angedeutet, lautet das metaphorische Sinnbild unseres beispielhaften Traumfragments:
Mein Leben ist (k)ein Eichhörnchen-/Hamster-Rad.
Bürki schreibt dazu: „Das persönliche Sinnbild für diese Frau ist nun dieses springende Eichhörnchen, wobei sie sich entscheidet, nicht das sinnlos im Rad springende, sondern das mutig auf die Schulter springende zu wählen. Wir sehen, dass sich hier die verschiedenen Fragen zusammenfügen, dass der Kern des Traums häufig zugleich auch das Sinnbild enthält. Der Kern des Traums erscheint eben nicht in einer analytischen, begrifflichen Sprache, sondern – wie es für den Traum typisch ist – in Bildgestalt."[80]

Abschließend wollen wir noch einmal den Blick auf die beiden Grundgefühle dieses Traumes richten. (Er-)Schrecken – und Trauer. Vor dem Hintergrund der „fragenden" Traumdeutung wird deutlich, welchen grundlegenden dramaturgischen Anteil sie tatsächlich am Traum und am Wachleben der Frau haben. Und wie sie diese problematischen, beengenden und beängstigenden Stimmungen umwandeln und auflösen. Die Frau erschrickt zunächst – sowohl wegen des springenden Eichhörnchens im Traum als auch wegen des dazugehörigen Symbols, des „Eichhörnchens im Rad", als metaphorisches Sinnbild Ihres Lebens.
Ohne eine weitere Traumdeutung – und das bedeutet sich umfassend auf das assoziative Netz der Bedeutungen einzulassen – könnte die Träumende dieses unangenehme Gefühl nicht loswerden. Den Traum hat sie aber deswegen geträumt, um sich von diesem Problem lösen

zu können. Die weitere Vertiefung und assoziative Erschließung macht dann rasch sehr deutlich, dass das auf die Schulter springende Eichhörnchen sehr positive Emotionen vermittelt, die der Träumenden zu Bewusstsein kommen sollen: „Du kannst herausspringen aus deinem Käfig“, schreibt dazu Bürki, „aus deinem Lebensplan, aus dem Grundgefühl der Vergeblichkeit in eine neue Freiheit, in die der Begegnung des Gegenübers; du kannst es wagen, sowohl die gezähmte Parklandschaft wie auch eine Naturlandschaft zu genießen und in dein Leben einzulassen.“[81]

Dabei hat der Traum positive, verheißende und negative, warnende Anteile: Der spielerisch gewagte Sprung des Eichhörnchens vom Ast des Baumes auf die Schulter der Frau wird zum – problemlösenden – Symbol der Verheißung, aus dem „Käfig“ und seinem Rad einfach wegzuspringen. Das darin eingebundene Gefühl, dass das sinnlos erscheinende Sich-Drehen im Eichhörnchen-/Lebensrad spiegelt, ist dagegen eine nochmalige „warnende“ Bewusstmachung und Sinnbild der negativen Lebenseinstellung und -wahrnehmung.

Zum Traumbeispiel

Da es immer darum geht, die praktischen Konsequenzen eines Traumes zu erkunden und auszuprobieren, könnte die Liste der beschriebenen Handlungen (Punkt 10 für das Traumtagebuch) für diese Frau so aussehen:

1. Ich folge der Einladung des springenden Eichhörnchens und lasse mich auf das freie Spiel des Lebens ein – mit mir und den Kindern.
2. Das Bild des freundlichen, zuversichtlichen und sicher springenden Eichhörnchens werde ich mir im Alltag immer dann vor Augen führen, wenn mir trotz allem klar werden sollte, dass ich mich einmal mehr in einen pausenlosen Trott eingelassen haben sollte: Nein, werde ich dann denken – und lächelnd aus dem sich sinnlos drehenden Rad aussteigen.

Übung: sechs Fragen an den Traum

Versuchen Sie nun, Ihren bereits dokumentierten Traum im Sinne der vorangegangenen sechs Fragen zu verarbeiten. Orientieren Sie sich dabei immer wieder an den Ausführungen im Text:

Mein Traumbericht	Fragen an den Traum	Bedeutung (Verbindung zu Ihrem Alltag)
	1. Gefühl	
	2. Realität	
	3. Kern	

	4. Wesen	
	5. Subjektebene	
	6. Sinnbild	

Bevor das nächste Deutungsmuster vorgestellt wird, folgen zwei weitere Traumdeutungen. Sie verdeutlichen nochmals, was Träume bedeuten können und wie sie sich interpretieren lassen. Das erste Beispiel stammt von dem Psychologen und erfahrenen Traumdeuter Klausbernd Vollmar, das zweite aus dem privaten Traumbuch des Autors.

Beispiele für Traumdeutungen

<u>Traumbeispiel: Heimkehr</u>

Es folgt der Traumbericht einer Frau (Alter: Mitte 30): *Nach einer langen Reise kehre ich zurück in mein Haus, das durch und durch grün ist, Ich kenne mich sehr gut aus in diesem Haus (das war mein Gefühl, als ich es betrat). Mir ist klar, dass jemand in diesem Haus ist, und dieser Jemand gehört hier nicht hin. Ich blicke noch einmal durch die gläserne Eingangstür. Auch davor ist alles grün und voller Pflanzen. Ich laufe die Treppe hinauf, immer höher und höher, und dieses Gefühl, dass hier Jemand ist, werde ich nicht los. Ich weiß nur nicht, wo dieser Jemand ist.*[82]

Deutung (auf der Objektstufe): In diesem Traum fallen zwei Symbole gleich ins Auge: das Haus und die Farbe Grün. Beide werden mehrmals erwähnt.

- Die Träumerin assoziiert zu dem Symbol Haus: „Geborgenheit, Heimat, Schutz und Sicherheit, Ruhe, Intimität". Dass jemand in ihr Haus eingebrochen ist, zeigt eine Verletzung ihres Schutzraums an. Ihre Intimsphäre wird infrage gestellt. Freud hätte in diesem Fall ein sexuelles Bedürfnis vermutet. Dieses gesteht sich die Träumerin nicht zu, also träumt sie, dass jemand ohne ihren Willen in ihre Intimsphäre eingedrungen ist. Sie ist nach ihren Moralvorstellungen nicht schuldig, da der „Intimkontakt" nicht von ihrer Seite initiiert wurde.
- Die Träumerin assoziiert zu der Farbe Grün: „Hoffnung, Natur, Frühling, Rasen, Blätter und Meerwasser". Grün wird also von der Träumerin wie das Symbol des Hauses als durchweg positiv betrachtet. Das heißt, die Träumerin kehrt in eine positive Atmosphäre zurück – nur der Eindringling stört die Idylle. Es liegt nahe, jetzt zu diesem Jemand, dem Eindringling, zu assoziieren. Er ist der einzige Störfaktor in einer sonst harmonischen Atmosphäre.

Deutung auf der Subjektstufe: Auf der Subjektstufe/Subjektebene betrachtet, muss der Eindringling eine Eigenschaft oder ein Gefühl der Träumerin darstellen, die oder das ihren Seelenfrieden erheblich stört. Dieser Jemand wird während des gesamten Traums nicht sichtbar. Was der Träumende nicht sieht, ist unbewusst, und so verkörpert der Eindringling eine unbewusste Angst. Und die Träumerin hat Angst vor dieser Person. „Angst" ist auch der erste Begriff, der ihr bei ihrer Assoziation zu diesem Jemand einfällt. Es folgen: „Mann, Einbrecher", und dann fällt ihr nichts mehr ein. Dieser Unbekannte ist also eindeutig männlich; damit wird die männliche Seite der Träumerin angesprochen. Zur männlichen Seite einer Person werden Eigenschaften wie Durchsetzungsvermögen, Zielgerichtetheit und Logik gezählt. Als der Therapeut das der Träumerin erzählt, wird sie wütend. Gerade durch diese in unserer Gesellschaft geforderten „männlichen Tugenden" fühlt sie sich unterdrückt. Nach dieser emotionalen Aussage liegt die Bedeutung des Traums auf der Hand: Die Träumerin lebt in angenehmer Gemütlichkeit mit sich selbst. Einzig die Anforderung der Gesellschaft, auch männliche Seiten zu zeigen, verunsichert sie – das allerdings so stark, dass ihre Ruhe empfindlich gestört wird.
Am Schluss des Traums läuft die Träumerin nach oben. Oben ist dort, wo der Kopf ist. Begibt sich eine Person im Traum nach oben, geht sie in das Bewusstsein, dadurch bekommt sie einen Überblick. Und das ist genau die geforderte Haltung, wenn eine Frau einseitig nur ihre weibliche Seite lebt.
Dieser Traum ist geprägt von der Sehnsucht der Träumerin, in ihrem Leben mehr Erfolg zu haben und etwas darzustellen. Sie weiß, dass ihre Sicherheit trügt, so lange sie dieses Ziel nicht erreicht hat. Ihre Aufgabe besteht nun darin, das Männliche aufzunehmen (zu integrieren), denn ohne die männlichen Eigenschaften wie Zielgerichtetheit, Durchsetzungskraft und einen starken Willen wird sie keinen Erfolg haben. Zugleich sehnt sie sich nach einem Partner, obwohl sie es sich „so gemütlich bequem eingerichtet" hat, wie sie sagt. „Eigentlich ist für einen Mann kein Platz da", setzt sie unsicher hinzu. Deswegen muss der Mann einbrechen. Das genügt als Deutung des Traums. Die Aussage ist klar, die Deutung kann beendet werden.

Warum träumt die Träumerin diesen Traum gerade zu dieser Zeit? Dadurch, dass sie seit einiger Zeit mit einem netten Kollegen zusammenarbeitet und dessen innige Verliebtheit in seine Frau miterlebt, wurde ihr plötzlich eines Abends bewusst, dass sie sich einsam und erfolglos – „als kleine Tippse" – erlebt.

Wozu inspiriert der Traum die Träumerin? Sie erstellt eine Liste mit all den Änderungen, die sie in Angriff nehmen möchte. An erster Stelle steht: „Ich werde mich besser durchsetzen, bestimmter auftreten und öfter meine Meinung sagen – auch wenn ich mich dazu zwingen muss." Weiter schrieb sie: „Wie ich für das Männliche in mir offen bin, so werde ich mich auch Männern gegenüber offener verhalten. Sie sind keine Störenfriede und Eindringlinge in meine Welt, sondern sie helfen mir aus meiner selbstzufriedenen, trügerischen Trägheit heraus."[83]
Als Letztes erfolgte dann die Veränderung des Traums, sodass die Träumerin ihre Ziele erreicht. Sie veränderte den Traum dahingehend, dass sie nach Hause kommt und ihr Freund sie erwartet. Er hat eine gemütliche Atmosphäre mit Kerzen geschaffen und ihr ein köstliches Essen gekocht. Damit ist der Traum bearbeitet. Man könnte zwar noch einige Details

betrachten, aber wir halten das für nicht notwendig, wenn eine Deutung gefunden wurde, die der Träumerin produktive Anregungen gibt.

Traumbeispiel: Lebensreise

Es folgt eine persönliche Traumerfahrung und -deutung des Autors, die er vor einigen Jahren aufgeschrieben hat. Die beiden Hauptakteure sind Mitte/Ende 20.

Traumniederschrift: *Ich bin mit meiner Freundin B. unterwegs, irgendwie haben wir uns verfahren. Wir landen dann irgendwie in einem Bergwerk, und gehen den Weg nach unten in den Stollen. Danach sind wir in einem Krankenhaus und besuchen unseren Freund K. Dort sehe ich im Fenster, das wie ein Kreuz geschnitten ist, wie wir uns widerspiegeln: wir sitzen nebeneinander und schauen aneinander vorbei – gleichzeitig ist draußen alles grün, sonnig und Frühling.*

Zum Hintergrund

Tagesrest: Freund K. – ein Psychotherapeut – hatte vor kurzem eine neue Stelle in einem Krankenhaus angetreten und am Traumvorabend davon erzählt; außerdem macht er eine Zusatzausbildung als Paartherapeut.

Persönliche Lebenssituation: Die Beziehung zu B. war schon länger schwierig, eine Beziehungskiste voller kommunikativer Spiralen und Labyrinthe – aus Vorwürfen, Gegenvorwürfen, Schuldzuweisungen, Machtspielchen, Projektionen etc.

Das Bergwerk im Traum gab es wirklich – es war still gelegt und diente in der weiteren Umgebung des damaligen Wohnorts lange Jahre dem Abbau irgendeines nicht mehr lukrativen Rohstoffs; wir hatten es auf einem Ausflug wenige Wochen vor dem Traum zufällig entdeckt und erkundet. (Die Gefühle beim „Hineingehen“ und „Abstieg“ in den Stollen waren ebenfalls sehr gemischt: überwiegend bedrohlich und beängstigend, auch abenteuerlich – dennoch spürte ich, dass ich da „durch“ wollte [musste?]).

Deutung

1. *Gefühl/e:* Mein Traumgefühl ist *sehr intensiv,* in sich differenziert, „gemischt“: Es herrscht zwar eine dunkle, melancholisch-depressive, etwas aggressive, aber auch ängstliche Stimmung. der Kern des „Stimmungsbildes“ ist allerdings deutlich heller (Zuversicht?). Die emotionale Intensität ist *sehr nachhaltig* – nach dem Aufwachen, am Tag nach dem Traum und während der darauf folgenden Tage. Im Traum herrscht vor allem während der Fahrt dieselbe Stimmung wie sonst – „schwierig“, teils aggressiv, teils niedergeschlagen; keine Freude mehr. K. ist dagegen sehr freundlich mit uns – wie in Wirklichkeit (Hoffnung?).

2. Thema/Traumtitel: (Lebens-)Reise mit B.

3. Symbole – Identifizierung: *unterwegs, verfahren, Bergwerk, Weg nach unten, in den Stollen, wir im Krankenhaus, besuchen Freund, Fenster, wie ein Kreuz, wie wir uns widerspiegeln, nebeneinander und schauen aneinander vorbei, draußen Frühling*

4. Assoziationen/Analogien/Metaphern/„Wortspiele“
   Unterwegs: die Beziehung, das Leben mit B., „unsere Lebensreise“.
   Verfahren – Wir haben die Orientierung verloren. *Bergwerk* – (1) unten, drinnen ist es dunkel, (2) im Berg wird gearbeitet und gewerkt, aber (3) „der Berg kreißt und gebiert eine Maus“ (unsere Beziehungsarbeit ist alles andere als konstruktiv, zu viel emotionaler Aufwand um sehr wenig).
   Weg nach unten – Es geht „bergab“.
   In den Stollen – „Wir müssen tiefer gehen“ (sexuelle Assoziation). *Wir im Krankenhaus* – Spontanassoziation mit Aha-Erlebnis: „Unsere Beziehung ist eine Krankheit“, „wir sind krank“.
   Besuchen Freund – ein Psychotherapeut, Hilfe, Unterstützung, von außen.
   Fenster (widerspiegeln) – „Spiegel unserer Beziehung“.
   Wie ein Kreuz – Es ist ein Kreuz mit unserer Beziehung, eine Last; das Ende.
   Geschnitten – Wir haben uns geschnitten, das Tischtuch ist entzwei geschnitten.
   Wir sitzen nebeneinander und schauen aneinander vorbei – keine innere Beziehung mehr; wir spiegeln uns nicht mehr innerlich, seelisch, wir erkennen uns nicht mehr.
   Draußen Frühling – Es gibt das Helle und Schöne im Leben immer noch, es ist aber draußen.

5. Subjektstufe (emotionale Resonanz)
   Unterwegs – Die Reise bin ich, meine Entwicklung; ich bin unterwegs, weiß aber nicht mehr weiter.
   Bergwerk – Ich muss in meinem Bergwerk – meinem Un-/ Unterbewussten – weiter arbeiten, brachliegende Rohstoffe bergen und kultivieren.
   Weg nach unten – Es geht „bergab“.
   In den Stollen – Ich bin der, „der tiefer gehen muss“ (Anima-Anteile: Versöhnung mit meinen weiblichen Anteilen).
   Im Krankenhaus – Spontanassoziation mit Aha-Erlebnis: „Ich bin nicht gesund und heil.“
   Freund besuchen – Ich sollte mir selbst ein besserer Freund sein, „ihn öfter besuchen“, mir mehr helfen (lassen), auch in der Kritik (konstruktiv!).
   Fenster (widerspiegeln) – keine Resonanz.
   Wie ein Kreuz – keine Angabe.
   Geschnitten – ? (mich selbst mit der Beziehung?).
   Draußen Frühling (Sonne) – „Ich bin der Frühling“ (wenn ich nach draußen komme): fruchtbar, kraftvoll und entwicklungs-/ gestaltungsfähig.

6. Gesamtdeutung
   A) Die zentrale (und einfache) Traumbotschaft und Problemlösung eines sehr komplexen Lebensproblems metaphorisch formuliert:
      Unsere Beziehung ist eine Krankheit. Wir brauchen Hilfe von außen. „Selbstheilung“ gibt es keine: den gemeinsamen Weg finden wir nicht mehr.
   B) Gleichzeitig bin ich aufgefordert, tiefer in meine eigene Persönlichkeit zu gehen und mit/an meinem Unbewussten zu arbeiten: Ich muss verborgene Ressourcen zu Tage fördern/ entwickeln und gleichzeitig eigene neurotische Bereiche „still legen“.

7. Auswirkungen auf das Wach-/Realleben
   Wie Sigmund Freud zu seinen 43 Eigeninterpretationen in der „Traumdeutung“ bemerkte, muss nicht die ganze Tiefe eines persönlichen Traums ausgebreitet werden, um die Grundprinzipien zu verdeutlichen. Tatsache ist, dass dieser Traum viele praktische Folgen hatte – und er noch heute eine persönlich sehr tiefe, freundschaftliche Bedeutung genießt. Ohne seine bewusst gewordene Zusprache nach dem Motto „Freundesrat und -tat“ wäre der Träumer um Einiges ärmer geblieben.

Traumdeutungsschema II: „Zehn Praxisschritte“

Als weiterer Leitfaden werden hier die so genannten zehn Praxisschritte des professionellen Traumbüros Hamburg, das kommerzielle Deutungsdienste anbietet, vorgestellt. Er eignet sich dazu, Ihre bisherigen Erfahrungen und Deutungen zu zentrieren und zu vertiefen. Üben Sie sich dabei auch in der bisher noch nicht behandelten Variante, sich einen eigenen Traum selbst laut zu erzählen oder ihn Freunden mitzuteilen (Schritte 4 und 5).

Schritt 1: *Das Träumen selbst*
ist bereits ein Versuch, innerseelische Vorgänge zu verarbeiten. Die intensive Traumtätigkeit vollzieht wichtige Schritte in dem Selbstheilungsprozess der Seele.

Schritt 2: *Die ungeordnete Erinnerung an den Traum*
beinhaltet das Erinnern an den Traum. Bilder, Gefühle, Assoziationen zu den Traumbildern gehen ungeordnet durch den Kopf, ohne dass zielgerichtet damit gearbeitet wird.

Schritt 3: *Der Traum wird in Gedanken formuliert – Überschrift suchen*
Dieser Schritt geschieht aus dem Wunsch heraus, den Trauminhalt in logische Gedankengänge zu bringen und die Bilder, Gefühle und Ereignisse des Traums besser zu verstehen. Der Ablauf wird innerlich nachvollzogen. Das Traumereignis wird durch das Erkennen von Personen, Tieren, Gegenständen, Gefühlen, Handlungsabläufen und dem Trauminhalt konkretisiert. Geben Sie dem Traum eine Überschrift.

Schritt 4: *Lautes Erzählen des Traumes*
Dieser und der nächste Schritt sind wichtig, wenn Sie mit anderen Menschen zusammenleben. Sie sprechen spontan über den Traum mit Menschen, die bei Ihnen sind. Der akustische Klang Ihrer Worte weckt Erinnerungen und fördert weitergehendes Verstehen. Auch allein lebenden Menschen ist zu empfehlen, in dieser Phase den Traum laut zu erzählen.

Schritt 5: *Das Gespräch über den Traum*
Sie suchen sich einen Gesprächspartner/eine Gesprächspartnerin, der/die auf Ihren Traum reagieren kann. Sie kommen ins Gespräch und nehmen neue Gedanken und Anregungen auf. Wichtig ist ein verständnisvolles Gegenüber.

Schritt 6: *Der Traum wird aufgeschrieben*
Ob nach Schritt 3 oder nach Schritt 5: Sie sind an dem Punkt, dass Sie den Traum in Ihr Traumtagebuch eintragen oder ihn aufschreiben können. Das Notieren bringt Sie dazu, alles noch einmal zu durchdenken und zu eindeutigen und aussagekräftigen Formulierungen zu kommen, die den Bildern und Geschehnissen des Traums gerecht werden. Das verstärkt abermals die heilende Wirkung des Traums. Der Traum wird so aufgeschrieben, wie Sie ihn erinnern, mit den Personen, Gegenständen und Abläufen sowie den Gefühlen, die noch in Ihnen leben.

Schritt 7: *Ergänzungen durch weitere Einfälle*
Welche Gedanken gehen Ihnen durch den Kopf, nachdem Sie den Traum aufgeschrieben haben? An welche Situationen oder Menschen oder Themen werden Sie erinnert? Notieren Sie sich diese Assoziationen ebenfalls. Diese Ergänzungen beinhalten häufig den Schlüssel zum weiteren Verständnis des Traums.

Schritt 8: *Beantwortung weiterer Fragen zum Traum mit dem Fragenkatalog*
Sie arbeiten den Fragebogen zur persönlichen Traumanalyse durch. Jetzt erschließen sich Ihnen die wichtigsten Traumaspekte. Das erleichtert Ihnen die Erkenntnis der Traumbotschaft.[84]

Schritt 9: *Erkenntnis der Bedeutung des Traums*
Dieser Schritt ist das Ziel Ihrer Mühen in der Traumarbeit. Sie erkennen: Das ist die Botschaft dieses Traums, das bedeutet er für mich!

Schritt 10: *Der Erkenntnis folgt die Tat*
Haben Sie die Bedeutung erkannt, stehen Sie vor der Frage: Hat diese Einsicht praktische Auswirkungen für mich? Sehen Sie Traumarbeit als Persönlichkeitsentwicklung an, dann ist diese praktische Umsetzung der Schritt, der Veränderungen in Ihrem Leben bewirkt.

Übung: Zehn Praxisschritte

Versuchen Sie nun anhand der geschilderten zehn Schritte, Ihren auf Seite XX dokumentierten Traum zu ordnen oder zu deuten – Schritt 8 müssen Sie hier leider übergehen. Vielleicht können Sie aber jetzt schon selbst wichtige Fragen formulieren und beantworten, die Ihnen bei der Deutung weiterhelfen. Versuchen Sie es einfach: Sie sind der Meister beziehungsweise die Meisterin Ihrer Träume!

Traumbericht	Fragen an den Traum	Ihre Bedeutung, Meinung, Assoziation
	Schritt 1: Träumen selbst („Selbstheilungsprozess der Seele“)	

	Schritt 2: Ungeordnete Erinnerung (freies Sich-Erinnern und Bilder, Gefühle, Assoziationen)	
	Schritt 3: Traum in Gedanken formulieren – Überschrift suchen	
	Schritt 4: Lautes Erzählen des Traumes (sich selbst oder anderen)	
	Schritt 5: Gespräch über den Traum (Gesprächspartner bringt neue Gedanken und Anregungen auf)	
	Schritt 6: Niederschrift des Traumes (verstärkt „heilende Wirkung“)	
	Schritt 7: Ergänzungen durch weitere Einfälle (weitere Assoziationen)	
	Schritt 8: Fragenkatalog (Versuchen Sie, eigene Fragen zu formulieren)	
	Schritt 9: Bedeutung des Traums (Die Botschaft! Das bedeutet der Traum für Sie!)	
	Schritt 10: Handlung (Welche praktischen Bedeutungen oder Auswirkungen hat der Traum?)	

Im der folgenden dritten Anleitung zur Traumdeutung lernen Sie das grundlegende Deutungs- und Interpretationsmuster eines der führenden deutschen Traumforscher kennen.

Traumdeutungsschema III: Die „integrativ personorientierte Traumarbeit“

Die folgenden Ausführungen orientieren sich an dem vom Psychologen, Schlaf- und Traumforscher Michael Schredl auf Grundlage verschiedener Methoden der Traumbearbeitung entwickelten „Sechs-Schritte-Modell einer integrativen personorientierten Traumarbeit“. Es eignet sich gerade im Vergleich mit anderen Verfahren besonders für das selbständige Arbeiten. Und: Es steht auf empirisch verlässlichen, gleichsam akademischen Grundlagen.

Für den Traumexperten vom Schlaflabor des Mannheimer Zentralinstituts für Seelische Gesundheit ist entscheidend, dass die „Geheimnisse" der Träume nicht nur von professionellen Traumdeutern verstanden werden können. Im Gegenteil: Jeder ist oder kann sein *eigener Traumexperte* werden und ein umfassendes Verständnis der eigenen Träume erreichen. Einzige Bedingung: Sie müssen ihren Träumen gegenüber offen und auf sie neugierig sein.
Bei den Schritten der „Traumarbeit" steht im Vordergrund, dass der Träumende einen Bezug zwischen den jeweiligen Gefühlen, Stimmungen und Handlungen im Traum und dem Wachleben herstellt. Machen Sie sich dabei bewusst, dass im Traumgeschehen vor allem Gefühle überzeichnet dargestellt und erlebt werden können, damit dem Träumenden der Kern einer Sache klar wird. Bei dieser Art der Arbeit geht es nicht darum, die vermeintlich „richtige Deutung" zu finden, sondern aus dem Traumgeschehen zu lernen. Es ist daher ratsam, die zugrunde liegenden Theorien als Hinweise anzuwenden, an welchen Stellen im Wachleben Gemeinsamkeiten mit dem Traumgeschehen gesucht werden können. Das ausschlaggebende Kriterium bei der Traumdeutung ist für Schredl immer die Weiterentwicklung der Inhalte im Wachleben hin zu „freierer Entfaltung der Persönlichkeit und Verbesserung der Lebensqualität". Auch er hält Deutungen von Trauminhalten mithilfe von Traumlexika oder einschlägigen Symbollisten für wenig hilfreich, da sie dem persönlichen Umfeld niemals gerecht werden. Wie die Erfahrung lehrt, beantwortet sich die Frage nach dem „Warum" und der eigentlichen Bedeutung der Träume am Ende der Traumarbeit ohnehin wie von selbst und im Zusammenhang mit den persönlichen Lebensumständen.

Die sechs Schritte der personorientierten Traumarbeit:

1. *Vergegenwärtigen Sie sich den Traum!*
   - Lesen Sie den Traum (auch laut!)
   - Ergänzen Sie Details
   - Notieren Sie spontane Einfälle

2. *Schlüsseln Sie die Trauminhalte auf!*
   Sammeln Sie (*ohne* Deutungsabsicht!) Informationen zum Traum-Ich, zu Traumpersonen, -gegenständen, -orten etc.

3. *Untersuchen Sie die Handlungen im Traum!*
   - Was ist zentral?
   - Abstrahieren Sie zunächst von den Traumbildern.
   - Liegen Übertreibungen vor?
   - Welche Gegensätze treten auf?
   - Was wiederholt sich?
   - Gibt es Konflikte?
   - Gibt es Helfer?
   - Gibt es ein Ziel?

- Was kommt im Traum vor/was nicht?
- Wird im Traum eine Stärke oder Schwäche aufgegriffen, die Sie von sich im Wachleben nicht kennt?

4. *Vergleichen Sie Traum und Wacherleben!*
   - Was beschäftigt Sie momentan besonders? (Berücksichtigen Sie alle Lebensbereiche: Gesundheit, Beziehung, Beruf, Prüfung, Familie etc.)
   - Welche Parallelen finden sich dazu in der Bildersprache des Traums.

5. *Suchen Sie nach Lösungsansätzen im Traum!*
   - Begeben Sie sich in die Stimmung des Traums.
   - Setzen Sie den Traum fort und schreiben Sie dies nieder.

6. *Setzen Sie die Lösungsansätze um!*
   - Fassen Sie die Traumarbeit zusammen.
   - Probieren Sie neue Verhaltensmuster aus.
   - Prüfen Sie an der Realität, ob sich die Veränderung positiv ausgewirkt hat.

Der Traumexperte weist darauf hin, dass es hilfreich sein kann, wenn man den Traumbericht mit einem Theaterstück oder einem Film vergleicht und ihm einen Titel verleiht. Um die Traumarbeit zu vertiefen, sollten Sie sich vor allem fragen, an welche „Botschaft" der Autor oder Regisseur gedacht haben und wie ein unvollendeter Traum zu einem positiven Ende fortgesetzt werden könnte. Grundlegend ist für Schredl dabei, dass man sich zunächst einfach Zeit nimmt, um sich wirklich ausführlich mit dem eigenen Traum zu beschäftigen.

Im ersten Schritt geht es darum, den Traum ausführlich zu erzählen. Dabei werden noch keinerlei Interpretationen vorgenommen, sondern der Traum als solcher sollte zunächst bewusst werden.
Im zweiten Schritt folgt eine „Bestandsaufnahme", der Deutende vergegenwärtigt und analysiert die einzelnen Trauminhalte und -elemente. Auch in dieser Phase darf es noch nicht um die Bedeutung gehen, sondern darum, ob das Traumerleben mit dem Wachbewusstseins korrespondiert. Schredl bemerkt dazu selbst: „Nehmen wir an, man hat von einer Katze geträumt, dann sollte man darauf achten, ob es ein liebes Tier war, ob man sie gestreichelt hat oder ob die Katze einen bedroht hat. Es geht um dasjenige, was man mit diesem Traumelement erlebt hat. Zusätzlich kann man auch überlegen oder auch aufschreiben, was Katzen für einen im Wachleben bedeuten. Ob Katzen für einen angenehme oder bedrohliche Tiere sind, ob man gerne eine Katze hätte usw."[85]
Im dritten Schritt geht es um die Handlungen des Traum-Ichs: Im Mittelpunkt steht die Frage, was es während des Traums getan hat. Dabei spielt auch die Frage eine Rolle, ob und welche Probleme im Traum erscheinen und wie man mit ihnen umgeht: Werden Sie konstruktiv bearbeitet und gelöst oder wendet sich das Traum-Ich von ihnen ab? Schredl: „Die Grundidee hierzu ist, dass es im Traum nicht um die einzelnen Bilder geht, sondern um die allgemeine Handlungsstrategie, also ob man zum Beispiel beim Auftreten eines Problems vor ihm wegläuft oder ob man es angeht".

Im vierten Schritt kommt es zum eigentlichen Abgleich der Trauminhalte mit der Realität des Träumers: Es geht darum zu erkennen, wie die einzelnen Traumelemente und das Gesamtthema des Traums mit dem Wachleben zusammenhängen. Schredl: „Manchen Menschen fällt es besonders leicht, hier einen Zusammenhang zu sehen. Wenn der Zusammenhang aber nicht offensichtlich ist, frage ich meine Patienten, was bei ihnen momentan im Wachleben wichtig ist. Häufig ist es dann so, dass sich relativ schnell ein Zusammenhang aufzeigen lässt.“[86]
Im fünften und sechsten Schritt geht es gleichermaßen um die „Auflösung“ des Traums. Da meist der Zusammenhang zwischen Traum- und Wachsituation deutlich geworden ist und es sich in aller Regel um eine Problemsituation handelt, stellt sich nun die Frage, was der Traum dazu beiträgt, um mit den realen Problemen besser umgehen zu können. Schredl: „Oft gibt es schon im Traum Ansatzpunkte für eine neue Handlungsstrategie. Oder im Traum ist eine Art Lösung vorhanden, über die man im Wachbewusstsein noch nicht nachgedacht hat. Daher kann es sehr hilfreich sein, aufgrund der Traumbilder darüber nachzudenken, wie man mit der Situation des Alltagslebens besser umgehen lernt. Man nutzt dann also seine Fantasie und Vorstellungskraft dazu, Problemlösungen zu generieren.“[87]
Im letzten Schritt steht dann zusätzlich im Vordergrund, dass die möglichen Problemlösungen im Wachleben umgesetzt werden. Da kein Traum dem anderen gleicht, lässt sich das Sechs-Stufen-Schema in Einzelfällen auch individuell abwandeln. Schredl rät im Übrigen, in der Traumarbeit niemals irgendwelche Zusammenhänge erzwingen zu wollen, sondern auch zu akzeptieren, dass ein Traum ein ganz und gar „eigenständiges Erlebnis“ sein kann.
Eine Einschätzung, die bereits anklang und die auch der Therapeut und Traumexperte Wilhelm Freund teilt. Er warnt vor der Überschätzung von Träumen: Da man die Botschaft eines Traums nicht immer deuten kann, muss man es hinnehmen, wenn ein Traum einmal unverständlich bleibt.

Übung: Die personorientierte Traumarbeit

Die sechs Traumfragen: Versuchen Sie nun, Ihren auf Seite XX dokumentierten Traum im Sinne der sechs Stufen der personorientierten Traumarbeit zu analysieren und zu interpretieren – orientieren Sie sich auch in diesem Fall an den Details der Ausführungen im Text:

Traumbericht	Schritt	Bedeutung
	1. Vergegenwärtigung	
	2. Trauminhalte	
	3. Traumhandlungen	

	4. Vergleich Traum und Wachleben	
	5. Suche nach Lösungen	
	6. Realisierung der Lösungsansätze	

Vergleichen Sie nun bitte nochmals alle drei dargestellten Modelle einer „schematischen" Trauminterpretation. Beantworten Sie zum besseren, vertieften Verständnis in Sachen Selbst-Mastery der Traumdeutung folgende Frage:

Welche einzelnen Aspekte der Deutung erscheinen Ihnen

immer und unbedingt wichtig?

....

meist wichtig?

....

kaum wichtig?

....

ausnahmsweise wichtig?

....

nie wichtig?

....

Albträume: Die Angst bewältigen

Experten schätzen, dass etwa fünf Prozent aller Deutschen besonders anfällig für Alpträume[88] sind. Alpträume unterscheiden sich von anderen „bösen" Träumen dadurch, dass der Träumer aufwacht und der Organismus eindeutige Angstreaktionen signalisiert: Schneller und flacher Atem, steigende Herzfrequenz. Generell wird am meisten von der Verfolgung geträumt, als Alptraummotive können aber auch der Verlust eines nahe stehenden Menschen und das Fallen auftreten.

Bei der oft gestellten Frage, wer unter Albträumen besonders leidet, gibt es im Großen und Ganzen nur eine Antwort: Im Prinzip kann jeder Mensch Alpträume haben[89] – aufgrund

psychisch belastender Lebenskrisen, familiärer Problemen, von Prüfungsstress oder Angst um den Arbeitsplatz.
Dennoch haben sich in der Traumforschung während der vergangenen Jahren Zusammenhänge zwischen Alpträumen und bestimmten Persönlichkeitsmerkmalen gezeigt. Dabei sind bekannte Persönlichkeitsaspekte wie Introversion oder Kreativität eher unbedeutend, während die Ergebnisse aus der „Boundary-Forschung“ besonders wichtig erscheinen. Dieser Forschungszweig beschäftigt sich mit den so genannten „dünnen“ und „dicken“ Grenzen *(thin/thick boundary)* von Menschen. Die Dick- und Dünnhäutigen definierte der Traumforscher Ernest Hartmann so: Dünnhäutige sind im Gegensatz zu den Robusten im Wesentlichen sensibel, verletzbar, mit konflikthaften persönlichen Beziehungen (Distanzproblemen) und unkonventionell. Demnach spiegelt sich der Lebensstil derjenigen, die sich in ihren Beziehungen nicht so gut abgrenzen können und in konfliktreicher Nähe leben und auch sonst sehr sensibel und ängstlich sind, sehr deutlich im Traum wieder: Dünnhäutige sind besonders anfällig für Albträume.

Hilfe vom Experten

Wie die Praxis zeigt, ist niemand Alpträumen hilflos ausgeliefert: Hilfe kann man sich von Experten holen. Wie bei der Behandlung anderer wiederholter oder chronischer Angsterfahrungen geht es auch in der so genannten kognitiven Verhaltenstherapie nicht um die Behandlung der Ursachen von Alpträumen, sondern um die Beseitigung der Störung. In der Therapie müssen sich die Patienten zuerst intensiv mit dem Traum auseinander setzen, auch hierbei werden sie angeleitet, den Traum schriftlich zu erfassen und genau zu erinnern. Befund: Die Angst verschlimmert sich immer dann, wenn man sie zu verdrängen versucht.
Danach wird der Alpträumer angewiesen, sich gleichzeitig das jeweils Bedrohlichste *und* ein mögliches „Happy End“ des geträumten Szenarios vorzustellen. Auch dieser Schritt wird schriftlich dokumentiert, damit er sich besser ins Gedächtnis einprägt. Dann werden die Angstklienten dazu aufgefordert, dieses positive Ende einige Minuten täglich bewusst mental „einzuüben“. Dies soll dazu beitragen, dass die Angstgeplagten diese Inhalte nach einiger Zeit tatsächlich träumen. Da der Traum eine Fortführung unserer (problematischen) Tagesgedanken ist, nimmt das Unbewusste die eingeübten „Lösungsbilder“ an und die Alpträume hören auf.

Albträume bei Kindern

Warum Kinder insgesamt deutlich häufiger unter Alpräumen leiden als Erwachsene, ist noch ungeklärt. Jedenfalls leiden sie massiv darunter. Wie Traumforscher Michael Schredl vom Zentralinstitut für Seelische Gesundheit nun erstmals seit den 1950er Jahren ermittelte, nimmt der Schrecken mit der Zeit zwar ab, dennoch erlebt auch von den 10- bis 16-Jährigen immer noch jeder Zehnte mindestens einen Alptraum in der Woche. Besonders häufig erscheinen sie bei Kinder von zwei bis sechs Jahren. Neun von zehn Kleinen schreien und weinen mindestens einmal pro Woche im Schlaf, zwei Drittel wachen aus Angst vor ihrem nächtlichen Horror auf.
Beängstigende Träume, so wissen Psychologen schon länger, sind bei Kindern und Jugendlichen in gewissen Ausprägungen normal und gehören zur Entwicklung. Sie betreffen fast alle Kinder und Jugendliche – manche mehr, andere weniger. Die Eltern vermuten meist,

dass Übermüdung und Schulstress die Alpträume hervorrufen, gelegentlich wird auch die zunehmende Gewalt im Fernsehen dafür verantwortlich gemacht.

Gegen die Ängste angehen

Die frühere Zeitung *Die Woche*[90] *(1.12.2000)* gab Traumforscher Michael Schredl folgenden Traumbericht eines achtjährigen Jungen: *Ich werde von einem Skelett verfolgt. Ich laufe und laufe, aber komme nicht von der Stelle. Mein Bruder läuft vor mir. Ich rufe ihn, aber er läuft weiter, und ich bleibe allein mit dem Skelett. Ich habe Angst und muss weinen, aber das Skelett hat es noch nie geschafft, mich zu packen. Vorher wache ich auf.*
Kommentar von Traumforscher Michael Schredl in der gleichen Ausgabe der *Woche*: „Der Traum zeigt, dass der Junge im Wachleben Ängste hat, vor denen er davonläuft und die dadurch immer größer werden. Solche Kinder lassen wir erst mal den Alptraum zeichnen und dann darüber nachdenken, was sie im Traum tun könnten, damit es anders wird. Das zeichnen sie dann auch. Ein Kind hat sich zum Beispiel eine Spinne ausgedacht, die ihm gegen die Gespenster helfen kann, die es verfolgen. Nach einer Woche war der Wiederholungstraum weg."

Psychische Ursachen

Die psychischen Ursachen der Alpträume lassen sich am besten über ihre Inhalte erschließen. Die Befunde zeigen, dass der Verfolgungstraum am häufigsten vorkommt, gefolgt von Fallträumen und Träumen von dem Verlust einer nahestehenden Person. Diese Rangliste, fanden die Psychologen heraus, gilt heute genauso wie vor 40 Jahren. Während die schlafenden Kinder in den 1950er Jahren allerdings noch nächtliche Abenteuer mit Geistern, Teufeln und schwarzen Männern erlebten, werden sie in den 1990er Jahren meist von einschlägigen Monstern und Zombies wie Freddy Krüger verfolgt. Der Grund dafür liegt auf der Hand: Früher fand das kindliche Gehirn den Stoff für seine (Alb-)Träume in Büchern, Mythen und Märchen, heute wird es von Video- und TV-Filmen beliefert. Beispielhaft sei hier die Beobachtung Schredls genannt, dass auffallend viele Schüler nach einer Klassenvorführung von „Schindlers Liste" nächtliche Verfolgungen erlebten. Nach Ansicht der modernen Traumanalyse werden auch im kindlichen Alptraum bestimmte emotionale Erfahrungen des Wachlebens aufgearbeitet. So haben beispielsweise Kinder mit Verfolgungsträumen eher Probleme im familiären Bereich als in der Schule. Bei Schulstress träumen die Kinder in aller Regel sehr konkret von Lehrern und Prüfungssituationen. Der Traum vom tiefen Fall symbolisiert dagegen auch bei den Kleinen das Gefühl, den Boden unter den Füßen zu verlieren, nicht genügend Unterstützung von anderen zu bekommen.
Bei der Frage, wann die kindlichen Alpträume therapeutischer Hilfe bedürfen, steht für Schredl und für die Psychologin Ruth Pallmer der Leidensdruck des Kindes im Vordergrund. Sie raten deswegen zu therapeutischer Hilfe, wenn die nächtlichen Horrortrips auch im

täglichen Wacherleben fortwirken. Prinzipiell sollten die Ängste der Kinder sehr ernst genommen werden – das gut gemeinte „Ist ja nur ein Traum“ hilft meist nicht viel.
Die Heilungschancen der relativ leicht anzuwendenden Verfahren beurteilt Schredl als gut bis sehr gut. Im Prinzip wird dabei durch Rollenspiele oder Malen die Angst bekämpft und die bedrohliche Situation im Wachzustand bereinigt – zum Beispiel wenn das Kind die bedrohende Traumfigur zeichnet, das Blatt einfach zerreißt oder in einen Käfig sperrt. Wenn dies über zwei Wochen regelmäßig gemacht wird, überträgt sich das auch auf den Traum. Die Alpträume lösen sich dann in einem „Happyend“ auf.
Bei Alpträumen spielen aber nicht nur psychische und physische Faktoren eine wichtige Rolle, sondern auch die äußeren Schlafbedingungen. Dieser Aspekt wird von den Eltern leicht vergessen, obwohl gerade er gut beeinflusst werden kann. So erhöhen insbesondere fettreiche Abendspeisen und opulente Spätmenus das Alptraumrisiko, weil sie das in seinem Schlafrhythmus noch wenig flexible Kinderhirn mit einer Reizflut aus Magen, Darm und Blut besonders stören. Ein schlafförderndes Essen dagegen besteht aus kohlenhydrathaltigen und leicht verdaulichen Nahrungsmitteln wie hellem Geflügelfleisch, Nüssen, fettarmen Milch- und Sojaprodukten, Vollkornnudeln, Kartoffeln, Vollkornbrot oder Bananen. Zudem steigert ausgiebiges Fernsehen vor dem Schlafengehen das Alptraumrisiko, wobei es kaum eine Rolle spielt, ob das Kind Brutaloschocker oder Comedys anschaut. Entscheidend ist vielmehr, dass dem kindlichen Gehirn durch die hektischen TV-Bilder am Abend mehr Eindrücke zugemutet werden, als es problemlos verarbeiten kann. Die vorgelesene Gute-Nacht-Geschichte wirkt dagegen förderlich, da sie die kindliche Fantasie zur eigenen „Bildproduktion“ anregt, die es zeitlich und inhaltlich weitgehend selbst kontrollieren kann. Daher muss es diese Eindrücke später nicht in einem Alptraum weiterverarbeiten.

Schöpferisch träumen: Der „Klartraum“ als Lebenshilfe?

Dass das Traumgeschehen äußert komplex ist, wurde sicher bereits deutlich. Dies wird allerdings noch klarer, wenn man das aus der therapeutischen Praxis schon länger bekannte Phänomen betrachtet, dass man Träume beeinflussen kann – unter hypnotischer Suggestion etwa. Die Traumforscher beginnen sich nun verstärkt für das ähnlich spannende, aber lange ausgeblendete Phänomen der so genannten luziden Träume oder Klarträume zu interessieren, die während der REM-Schlafphase auftreten: Träume, in denen die Menschen während des Träumens wissen, dass sie träumen und in denen sie die Traumhandlung gleichsam willentlich beeinflussen können, indem sie Hindernisse überfliegen, sich mit Traumfiguren auseinander setzen oder durch gezieltes „Aufwachen“ dem Geschehen entfliehen. Wenn Menschen etwa von Sex klarträumen, geschieht gleichzeitig auch auf der körperlichen Ebene so viel „Reales“ wie im Wachbewusstsein – Männer und Frauen erleben erwiesenermaßen Orgasmen.
Für den Frankfurter Klartraumforscher Prof. Dr. Paul Tholey, der als führender deutscher Traumforscher gemeinsam mit seinem Assistenten und späteren Mitarbeiter Diplom-Psychologe Kaleb Utecht das sehr lesenswerte Buch „Schöpferisch Träumen - der Klartraum als Lebenshilfe“ veröffentlicht hat, ist das Bewusstsein der eigenen Entscheidungsfreiheit im Traum zusammen mit intakter Verstandes- und Willensfunktionen sowie einer „klareren Erinnerung an das Wachleben“ wesentlichstes Kriterium für luzide Träume. Auch hieran

macht die Traumforschung fest, dass Träumen und Wachen sehr viel ähnlicher sind, als man lange dachte: In den luziden Träumen verbinden sich beide Leben praktisch zu einer Einheit. Überraschend für die Forscher ist, dass etwa jeder Vierte mehr oder minder regelmäßig klarträumt, sich also während des Träumens darüber bewusst ist, dass er träumt. Diese häufig luzid Träumenden unterscheiden sich von anderen besonders deutlich dadurch, dass sie sich häufiger an ihre Träume erinnern und Positives erleben. Klarträumer sind meistens auch sicher, dass sie in Farbe träumen, im Gegensatz dazu weiß jeder Zweite der „normalen" Träumer nämlich nicht genau, ob er seine nächtlichen Abenteuer farbig erlebt oder nicht.
Von der Fachwelt wurden die frühen Berichte über luzides Träumen meist belächelt und diese Erscheinung als kurze „Mikrowachepisoden" während des Schlafes gewertet.[91] Erst in den 1980er Jahren konnten die Traumforscher Stephen LaBerge in den USA und Keith Hearne in England unabhängig voneinander zeigen, dass luzide Träume tatsächlich während des REM-Schlafes auftreten: Die an Studien teilnehmenden Personen wurden dabei vor dem Einschlafen instruiert, im Klartraum, während dem die Möglichkeit zum Handeln besteht – dem Finger nachzuschauen, der sich vor ihren Augen dreimal von links nach rechts und zurück bewegt. Diese Augenbewegungen konnten auf den jeweiligen Monitoren im Schlaflabor deutlich erkannt und von den „normalen" Augenbewegungen abgegrenzt werden. Nach dem Aufwecken berichteten die Personen dann tatsächlich, diese Augenbewegungen durchgeführt zu haben.
In EEGs wurde darüber hinaus dokumentiert, dass bestimmte Gehirnareale während des Träumens ebenso aktiv sind wie im Wachzustand. Wenn die Traumforscher den Träumenden auffordern, im Klartraum zu singen, dann zeigt die rechte Gehirnhälfte in genau jenen Arealen große Aktivität, die für das Singen zuständig sind. Klartraumforscher betonen, dass jeder es erlernen könne, seine Träume bewusst zu steuern. Die effektivste Technik für Anfänger ist, sich etwa fünf- bis zehnmal am Tag die Frage zu stellen: „Träume ich oder bin ich wach?" Während man sich diese Frage stellt, kontrolliert man seine Umgebung, ob sie den Wachgesetzen entspricht: Es ist Freitag 22 Uhr, ich lese ein Buch und in meiner Umgebung ist alles völlig normal. Dies basiert auf der Vorstellung, dass man dadurch ein traumsensibles Bewusstsein entwickelt und mit der Zeit beginnt, sich im und während des Traums die gleiche Frage zu stellen.

Hilfe zur Selbsthilfe

Nach und nach entdecken auch Psychotherapeuten den Klartraum als Möglichkeit der Hilfe zur Selbsthilfe für ihre Klienten. Klarträumen, so Befunde der Traumforschung, wirkt persönlichkeitsfördernd und hilft therapeutisch besonders bei Alpträumen oder Angststörungen. Wer etwa unter immer wiederkehrenden Alpträumen leidet, kann lernen, in diese einzugreifen: Im Klartraum kann zum Beispiel ein Verfolger direkt gefragt werden, wer oder was er ist.
Experimente Tholeys bestätigen darüber hinaus, dass Klarträumer oder ihre jeweiligen Traumgestalten besonders kreativ sein können. Sie verabreden sich beispielsweise bewusst im Traum, lösen kommunikativ Konflikte, komponieren „auf Bestellung" oder deklamieren unbekannte, fremdsprachige Gedichte. Nur eines können die luziden Träumer offenbar nicht so recht: rechnen. So erklärte eine der bewusstseinsfähigen Traumgestalten, dass drei mal

vier „elf“ sei – und versuchte danach, seine kleine Rechenschwäche damit zu erklären, dass er eine eigene Aufgabe – „sieben plus vier“ – gelöst habe. Der Proband selbst konnte im Wachleben natürlich bis über elf zählen.

In den letzten zehn Jahren hat die Klartraumtechnik stark an Bedeutung und Aufmerksamkeit gewonnen. Besonders erwähnenswert ist dabei die Klartraum-Academy, die sehr informativ über die Grundphänomene des Klartraums informiert und marketingwirksam das Thema positioniert. Nicht immer auf festen wissenschaftlichen Füßen, aber auf alle Fälle eine umfangreiche Bearbeitung des Themas und die Bereitstellung zahlreicher Arbeitshilfen.

Die MEPHISTO-STRATEGIE

7 Schritte zum Erfolg

Lerne deine Träume zu erkennen und zu steuern.
„Ein luzider Traum oder auch Klartraum genannt, ist ein Traum, in dem sich der Träumende seines Traumes bewusst ist. Dabei kann er mit der Mephisto-Strategie aktiv ins Traumgeschehen eintauchen und seine Phantasie möglichst dicht an der gewöhnlichen Wahrnehmung simulieren.“

Schritt 1 - Entschluss fassen
Um tatsächlich Klarträume überhaupt erst erlernen zu können, musst du einen klaren Entschluss fassen. Diese Entscheidung motiviert dich zum Handeln und zum Ausführen nächster Schritte, die Voraussetzung dafür ist, diese wirklich spannende Fertigkeit zu erlernen.

Schritt 2 - Träume aufschreiben
Schreib Deine Träume regelmäßig auf, um deinen Traumfokus zu steigern. Du trainierst damit die Fähigkeit, Dich an mehr Träume zu erinnern, mehr Details im Traum wahrzunehmen, länger zu träumen und vor allem bewusster im Traum zu werden. Wenn Du lernen willst, deine Träume zu steuern, ist dieser Schritt die absolute Grundlage.

Schritt 3 - Träume analysieren
Lies Deine aufgeschriebenen Träume regelmäßig durch und achte besonders auf Passagen, in denen unrealistische Momente auftreten. Nimm Dir vor, das nächste Mal in einer solchen Situation zu erkennen, dass Du träumst. Indem Du dein Bewusstsein auf diese Weise schulst, steigt die Wahrscheinlichkeit, dass Du unrealistische Situationen im Traum infrage stellst.

Schritt 4 - Träume erkennen
Da du oft nicht in der Lage bist, Deinen Traum von der Realität zu unterscheiden, musst Du sogenannte Reality-Checks anwenden. Ein Reality-Check ist ein kleiner Trick, um zu prüfen, ob Du gerade wach bist oder träumst. Du kannst beispielsweise einen Text lesen, kurz wegsehen und den Text wiederholt lesen. Wenn sich der Text verändert, befindest Du Dich

im Traum. Weitere Beispiele für Reality-Checks kannst Du in unseren Seminaren kennenlernen.

Schritt 5 Geduld haben
Führe solche Reality-Checks mehrmals täglich in Deinem Alltag durch, auch wenn Du 100%ig davon überzeugt bist, nicht zu träumen. Nach etwa durchschnittlich zwei Wochen wird sich diese Gewohnheit auch in Deine Träume einschleichen und Du wirst dort ebenfalls einen Realitätstest ausführen, nur, dass Du Dich dieses Mal tatsächlich im Traum befindest und anschließend machen kannst, was du willst.

Schritt 6 - Potenzial trainieren
Nachdem Du den ersten luziden Traum erlebt hast, kannst Du Dich aber noch lange nicht Meister Deiner Träume nennen. Die Fähigkeiten im Traum können trainiert und ausgebaut werden. Fortgeschrittene Klarträumer sind sogar dazu in der Lage, Sportarten, Musikinstrumente oder Fremdsprachen zu trainieren. Wie das geht, kannst Du in unseren Trainingsseminaren lernen.

Schritt 7 - Emotionssteuerung aufbauen
Die wachsende Sensibilität für Emotionen in suggestiven Phasen ermöglicht ein völlig neues Verständnis von Kognition und Emotion. Mit der dyskog-Analyse (mehr dazu unter www.launologie.com) selbstschädigender Gedanken lassen sich wirksam Bearbeitungsfelder markieren, die schrittweise in Klarträume eingebaut werden können. Seminare und fortführende Informationen können auch bei den Autoren dieses Buches angefordert werden.

Wenn Paare träumen: die andere Seite der Partnerschaft

Eine ganz besondere Form der Traumdeutung kultivierte die Münchner „Traumwerkstatt" in den 1990er Jahren: Sie ließ Paare träumen. Unter Leitung des Psychologen, Psychoanalytikers und Psychotherapeuten Andreas Hamburger versuchten Partner die lange Zeit unterschätzte kommunikative Kraft der Träume für ihre Beziehung zu nutzen – jahrzehntelang war der Traum nur als ein intrapsychisches, allein die eigene Persönlichkeit betreffendes Phänomen verstanden worden.
Hamburger war in gruppendynamischen Settings schon früh aufgefallen, dass die Teilnehmer eine „Traumkommunikation" entwickeln, in der Antworten auf vorangegangene Fragen geträumt und neue, weiterführende Probleme oder Ideen formuliert würden. Er erkannte, dass sich Träume durch ihren kommunikativen Charakter auszeichnen. Auch im scheinbar völlig privaten Traumleben sind wir nie allein, wie andere psychisch hochkomplexe Prozesse wie Sprechen oder Fühlen immer nur aus der Interaktion mit anderen Menschen entstehen, ist auch der Traum ein soziales, beziehungsbezogenes Phänomen.
Gemeinsames Träumen wirkt für die Partner vor allem „psychohygienisch", da die elementare Symbolsprache Probleme bereits im Vorfeld erkennen kann, sodass sich Krisen in der Partnerschaft vermeiden lassen. Wenn man lerne, sich gerade auch beim gegenseitigen Erzählen von Träumen respektvoll zuzuhören, so Andreas Hamburger, dann könne das

Zusammenleben stabiler gestaltet werden. Problematisch war allerdings, so der Münchner Traumforscher, dass sich meist Frauen für die Seminare interessierten und Männer für die „psychologische Schattenarbeit“ nur mäßiges Interesse aufbrachten.
Zusammen mit der Eheberaterin Hildegard Baumgart wollte Hamburger in dem Forschungsprojekt „Paarträume“ in Traumworkshops und Traumgruppen die Grundlagen und Methoden einer wissenschaftlichen Paartraumforschung erarbeiten. Im Mittelpunkt standen Fragen wie: Gibt es eine Trauminteraktion zwischen eng verbundenen Partnern? Wollen sie sich in Träumen etwas mitteilen und wenn ja, wie? Gibt es Analogien oder Dialoge zwischen den Träumen beider Partner und wenn ja, auf welchen Ebenen? Wie begegnen sich Paare in ihren Träumen? Wie spiegeln sich Konflikte der Partnerschaft im nächtlichen Erleben? Vor allem:
Wie beeinflusst die direkte Kommunikation von Träumen die Beziehung?

Träume als Botschaften

Der Traum kann eine Botschaft an den Partner sein, erkannte Hamburger, vielleicht ein Versuchsballon, „mal sehen, wie er ankommt“. Als Psychoanalytiker wisse er, dass eine Liebesbeziehung sehr viel mehr ausmache, als das, was die Liebenden bewusst voneinander wissen. Sie umfasse nämlich auch eine Ebene unbewusster Partnerschaft, in der die Hoffnungen, aber auch die Ängste beider Partner oft sehr genau zusammenpassen. Sein Fazit: Träume können eine Beziehung ungemein vertiefen und die Partner bereichern. Dennoch sollten Träume nicht einfach zusätzlich in Beratung oder Therapie „eingebaut“ werden. Da Träume als mächtige soziale Resonanzkörper und -verstärker fungieren können, empfehle es sich, dass die Beteiligten zunächst eine starke Sensibilität für die „szenische Kraft“ von Träumen und ihre ansteckende Wirkung entwickeln.

Auf einem Symposium der Traumwerkstatt befanden im Jahre 1998 namhafte Therapeuten, dass es höchste Zeit sei, den kommunikativen Charakter von Träumen auch in der Partnerschaft zu erkennen und ihn zu nutzen. So betont der renommierte Heidelberger Familientherapeut Helm Stierlin, dass die „Traumvergessenheit“ nicht nur die systemische Therapie betreffe: In Zukunft müsse sich die Beziehungs- und Therapieforschung insgesamt sehr viel intensiver als bisher mit dem „Reichtum der unbewussten Beziehung“ beschäftigen. Die Münchner Psychologieprofessorin und Therapeutin Thea Bauriedl forderte die Psychologen auf, sich auf die besondere „Analyse zu zweit“ einzulassen: Das gegenseitige Traumerzählen und gemeinsame Traumdeuten könne als eine zunehmende Fähigkeit verstanden werden, sich „miteinander einzulassen, aufeinander zu beziehen und Interesse füreinander zu entwickeln“.[92]

Den besonderen Reichtum von Paarträumen als Wegweiser für die Partnerschaft betont auch der Kieler Therapeut und Traumanalytiker Holger Flöttmann. Wie seine Erfahrungen zeigen, erhöhen Träume nämlich den Grad an Vertrautheit und Ehrlichkeit in der Partnerschaft: „Der Partner weiß um die Entwicklung des anderen und um seine momentanen Schwierigkeiten.“[93] Der Traumforscher fordert Paare deswegen auf, sich schon morgens beim Frühstück ihre Träume zu erzählen und sie gemeinsam zu deuten: Die Partner können so nämlich nicht nur Selbsterkenntnis und Intimität fördern – sondern ganz nebenbei auch „das Frühstück interessant gestalten“.

> *Bedeutend fand ich stets die sanften Träume, die der Morgen uns ums Haupt bewegt.*
> (Johann Wolfgang von Goethe)

> *Den Willigen führt das Schicksal, den Unwilligen zerrt es.*
> (Seneca)

Traumwelt: Leben wie im Traum?

Ziehen wir im Folgenden eine Bilanz, was der Streifzug durch die moderne Traumforschung und -deutung gebracht hat: Was ist der Sinn unserer Träume? Wozu brauchen wir sie? Machen sie uns klüger? Sagen sie die Zukunft voraus?

Traumintelligenz: Ich = Wach-Ich + Traum-Ich

Wie so vieles im Leben können auch Träume überschätzt oder unterschätzt werden. Betrachtet man dieses Phänomen vom Standpunkt der nüchternen empirischen psychologischen Traumforschung der letzten Jahre, wird deutlich, dass man Träume keinesfalls unterschätzen sollte: Aus Träumen wird man klug. Genauer: Träume und die daraus erschlossenen „Botschaften“ machen uns in einem sehr umfassenden Sinne lebensklüger. Träume haben ihre eigene Intelligenz und Funktionen, die uns im Wachleben gut tun – ausnahmslos. Ob sie unser Gedächtnis (re-)organisieren, unseren Gefühlshaushalt ausgleichen, unsere psychische Identität stabilisieren oder uns allgemein bei Stress und Problemen helfen, indem sie sinnvolle Anleitungen zum Handeln liefern.

Träume werden nicht mehr als getrennt vom Wachleben betrachtet, sondern es gibt ein Kontinuum zwischen Wachbewusstsein und Traumbewusstsein, in dessen Mittelpunkt nur eines steht: das eigene Leben und die eigene Persönlichkeit. Nachtträume helfen, das Tages- und Wacherleben besser und umfassender zu verarbeiten. Das bedeutet, dass es wie im Wachbewusstsein auch im Traum um Informationsverarbeitung geht.

So betont auch Michael Schredl, einer der führenden empirischen psychologischen Traumforscher, dass ihm „persönlich die Theorie des Problemlösens am nächsten“ stehe: Sie ist gut mit der Gedächtnisfunktion des REM-Schlafes und anderen Schlafstadien zu vereinbaren, da zur Problemlösung zunächst immer auf bekanntes Wissen zurückgegriffen wird. Tatsächlich sind Träume keine unveränderten Abbilder der Wirklichkeit, sondern ihre Inhalte erscheinen – ähnlich wie in der Wachfantasie – in immer neuen und zum Teil sehr ungewöhnlichen Zusammenhängen. Schredl versteht diese nächtlichen Traumfunktionen zudem als eine „Art Brainstorming der Psyche“.

Dabei betont er allerdings – auch unter Rückgriff auf eigene Traumerlebnisse als Möglichkeit zur Selbsterfahrung –, dass Träume von sich aus keine Bedeutung oder Botschaft haben: „Die Bedeutung entsteht, wenn das Wachbewusstsein verstanden hat, was im Traum erlebt worden ist.“[94] Das heißt: Träume verarbeiten nicht nur das Wachleben, sondern wollen auch im Wachen bewusst verarbeitet werden.
So gesehen lautet die eigentliche Botschaft der Traumforschung: *Ich = Traum-Ich + Wach-Ich.* Träume bieten viele, darunter auch außergewöhnliche Erfahrungen sowie kognitive und emotionale Hilfen an, die dann unmittelbar zum persönlichen Wachstum beitragen, sobald sie das Wachbewusstsein integriert hat. Dabei bleibt allerdings zu berücksichtigen, dass das Träumen selbst völlig im Dunkeln liegt – abgesehen von dem kleinen Teil, an den wir uns erinnern. Und das wird auch so bleiben: Den eigentlichen Traumprozess wird die Forschung trotz hochmoderner Methoden der Hirnforschung wohl nie vollständig erkunden können. Freud hatte in seinem wohl berühmtesten Statement zum Thema den Traum als „Hüter des Schlafes“ verstanden. Moderne Traumforscher sehen dies mittlerweile aus einer etwas anderen Perspektive: Angesichts der vielen körperlichen und psychischen Negativfolgen eines bereits eintägigen Traummangels formulierte Traumforscher William Dement den Begriff vom Traum als „Hüter der Gesundheit“ – der Traum hat quasitherapeutische Funktionen.
Die meisten seiner Kollegen sprechen vom „Schlaf als Hüter des Traumes“: Erst im Schutz des „weltfernen“ Schlafes kann unser Gehirn gewissermaßen alle emotionalen und kognitiven Sinn-Register ziehen, die den Traum so faszinierend machen – „Denken ist die Arbeit des Intellekts“, formulierte es Victor Hugo, „Träumen sein Vergnügen.“

Der Traumforscher Ernest Hartmann versteht den Traumprozess als fortwährende „Verknüpfung“. Zwar stellen wir auch im Wachzustand ständig Verknüpfungen her, aber es gibt einen wesentlichen Unterschied, da im Träumen allgemeinere, weitgehendere Verbindungen hergestellt werden, in der Form, dass Hartmann von einer „Hyperkonnektivität“ des Traumprozesses spricht: Die Traumbilder, -symbole und -metaphern verdichten und verarbeiten sehr vielschichtige Zusammenhänge und „Traumgedanken“. Bildlich gesprochen sind im Träumen die (Bedeutungs-)Netze des Gehirns sehr weit gespannt – es wird gewissermaßen im ganzen Ozean unseres Wissens und unserer Erfahrungen gefischt.
Mit dem Traum steht daher ein sehr komplexes Problemlösungsmittel oder -werkzeug zur Verfügung: Tatsächlich belegt jede erfolgreiche, sinnvolle Traumdeutung eines noch so kurzen „Traumfragments“, welche komplexen emotionalen, kognitiven, zeitlichen und räumlichen Zusammenhänge ein Traum verdichtet.
Vergegenwärtigen Sie sich beispielsweise noch einmal die Zusammenhänge zu dem Traum vom „springenden Eichhörnchen“ in diesem Buch.
Da man den Traum als multifunktionale Lebenshilfe im Dienst der leibseelischen Problemlösung versteht, sind ihm per definitionem positive Funktionen für unsere Lebensqualität zugeordnet – einschließlich der Frage, ob und welche wichtigen Handlungsanleitungen er offeriert. Ein Problem löst sich zwar nie „über Nacht“, aber viele therapeutische und praktische Fallbeispiele sowie Befunde der Traumforschung bestätigen, dass Träume sehr oft konkrete Hinweise zum praktischen Handeln im Wachleben liefern. Die bewusste Verantwortung werden sie dem Akteur aber nie abnehmen.

So gesehen können wir uns in einem gewissen Sinne tatsächlich gesund und glücklich träumen. Den Traum als guten Freund zu begreifen bedeutet aber gleichzeitig zu akzeptieren, dass nicht jedes
Treffen angenehm und kritiklos verlaufen kann – doch jede Begegnung, die man nicht erlebt, ist eine schlechte Erfahrung.

Traummagie: Göttliche Stimme und kosmische Offenbarung?

Impliziert die lebenspraktische Intelligenz der Träume auch eine den Alltag übersteigende, tiefergehende Weisheit? Sind Träume prophetisch? Offenbart sich Gott im Traum? Weisen Träume in die Zukunft?
Erinnern Sie sich an Simonides – und damit an jenes von Cicero berichtete prophetische Traumbeispiel? Cicero dokumentierte die Geschichte des Dichters Simonides, der den Leichnam eines Unbekannten, der am Wegesrand lag, bestatten ließ. Später wurde er im Traum von dem Toten vor einer geplanten Schiffsreise nachdrücklich gewarnt: Wenn er fahren würde, käme er durch Schiffbruch ums Leben. Simonides fuhr nicht mit – und überlebte auf diese Weise.
Alfred Adler, der den Stellenwert der Träume im Gegensatz zu Freud, Jung und anderen Tiefenpsychologen ohnehin eher gering schätzte, kommentierte den Traum des Simonides lapidar abwertend: Damals seien wohl ziemlich häufig Schiffe untergegangen, daher sei es naheliegend, dass viele Menschen von einem Unglück auf Reisen träumten. Adler vermutete, der Dichter hätte keine besonders große Lust auf diese Reise verspürt, der Traum daher keine andere Funktion, als ihn in dieser Abneigung zu bestärken. Wäre das Schiff aber nicht untergegangen, wäre diese Episode ohnehin im Dunkel der Nacht geblieben. So wie die große Anzahl vermeintlich prophetischer Träume, deren Weissagungen nie eingetreten sind.
Adlers Argumentation steht stellvertretend für die skeptische Haltung gegenüber der seit Jahrtausenden unterstellten prophetischen, weissagenden „göttlichen Stimme" in den Träumen: Letztlich sei das „Eintreten" des geträumten Ereignisses völlig zufällig oder mit anderen Möglichkeiten völlig rational zu erklären, beispielsweise im Sinne der *self fulfilling prophecy*.
So träumte der Fußballer Karl-Heinz Riedle in der Nacht vor einem wichtigen europäischen Finale davon, dass er zwei wichtige (Kopfball-)Tore machen würde. Am nächsten Tage erzielte er seine beiden spielentscheidenden Treffer – mit dem Kopf. Was glauben Sie, um was es sich bei diesem Traum handelte? Prophetie oder eine sich selbst erfüllende Prophezeiung? Oder Zufall mit einer hohen Realisierungswahrscheinlichkeit? Schließlich war Riedle ohnehin Mittelstürmer, der am Abend zuvor wusste, dass er in der zentralen Position spielen würde.
Trotz aller beeindruckenden Beispiele und Fallgeschichten in der „Traumliteratur", die über Jahrtausende hinweg gesammelt wurden, ist die Frage nach der prophetischen Traumdimension zumindest wissenschaftlich nicht zu klären: Die moderne empirische Traumforschung hat sich mit diesem Phänomen bisher noch nicht beschäftigt. Ob man derartige „überirdische" Traumphänomene nun für wahr hält – wie es beispielsweise für Vertreter der Traumesoterik selbstverständlich ist – oder sie wie Adler und viele andere Rationalisten skeptisch ablehnt: Diese Frage lässt sich jenseits von individuellen Überzeugungen nicht entscheiden – die Antwort darauf ist eine Glaubens- und keine

Wissenssache. Es ist jedem Einzelnen überlassen, ob er den Träumen über eine alltagstaugliche Intelligenz hinaus eine überindividuelle und kosmisch-göttliche Weisheit zuordnen mag und Träume als Fenster versteht, die „sich auf dem unsichtbaren und unbekannten Teil des Universums öffnen", wie es der Poet Luigi Malerba beschreibt.
Bemerkenswerterweise schließt auch Traumforscher Schredl eine solche Funktion nicht aus: Prinzipiell könne das Traumbewusstsein auch „die Zeitachse überblicken". Ebenso spannend ist es, dass die so genannte transzendentale Traumforschung besondere Zusammenhänge zwischen Traum- und Wach-Ich zu untersuchen beginnt. So werden beispielsweise buddhistische Praktiken erforscht, bei denen Mönche oder andere Gläubige versuchen, in meditativer Versenkung luzides Träumen zu üben, um diese besonderen geistigen Zustände auch im Wachen zu erreichen und das Wachbewusstsein zu transzendieren. Auf einem internationalen Traumkongress zeigte der tibetische Wissenschaftler Tenzin Rinpoche den Fachkollegen wichtige Parallelen zwischen der spirituellen Entwicklung des Wachbewusstseins und des Traumbewusstseins – ähnliche Zusammenhänge zeigen sich im Übrigen auch zwischen der Methode der „Transzendentalen Meditation" und dem Nachtbewusstsein. Für Rinpoche bestätigt dies, dass man Nachtzeit als „spirituelle Übungszeit" nutzen kann. Ist es noch vorstellbar, dass kontrollierte Experimente der Traumforschung in Bezug auf prophetische oder überindividuelle Traumfunktionen in Zukunft wichtige Entscheidungshilfen liefern, wird eine andere, ähnlich grundsätzlich philosophische Frage zum Thema Traum aber wohl für immer unbeantwortet bleiben müssen. „O weh, wohin entschwanden alle meine Jahre!", dichtete einst Walther von der Vogelweide, „War mein Leben ein Traum oder ist es Wirklichkeit?"
Damit hat er einen Gedanken formuliert, der Denker und Mythologien aller Kulturen in dieser oder ähnlicher Form schon immer beschäftigt hat. „Wenn ein Mensch im Traum das Paradies durchwanderte", so der Dichter Samuel Taylor Coleridge, „und man gäbe ihm eine Blume als Beweis, dass er dort war, und er fände beim Aufwachen diese Blume in seiner Hand – was dann?" In der indischen Mythologie gibt es die Idee eines schlafenden Gottes, der die Schöpfung träumt. Wenn er aufwacht, so der Mythos, bedeutet dies das Ende unserer Welt.
Anders gefragt: Existieren die Wesen und die Dinge, von denen wir träumen, gleichzeitig wirklich – irgendwo? Ist die Realwelt real oder nur geträumt? Ist der Traum die eigentliche Wirklichkeit?
Vielleicht hilft Ihnen bei diesen Fragen die entscheidende Übung zur Förderung des luziden Träumens: Gewöhnen Sie sich im Wachleben an die häufig zu wiederholende Frage, ob diese Situation – genau in dieser Sekunde des Hier und Jetzt – Wirklichkeit bedeutet oder nicht auch ein Traumerlebnis sein könnte?
Wie auch immer man die Realität unserer Wachwelt und die Wirklichkeit der Träume versteht: „Die Natur", so der Atomphysiker Werner Heisenberg, „ist so gemacht, dass sie verstanden werden kann." Und was für die Natur im Allgemeinen wahr ist, gilt im Besonderen für die Natur unserer Träume. Das bedeutet lebenspraktisch formuliert: Wenn wir mit unseren Träumen und Traummetaphern einen Dialog führen können, fördern wir unsere Komplexitätsfähigkeit – ganz im Sinne der weisen Erkenntnis Lichtenbergs: „Ich empfehle Träume nochmals; wir leben und empfinden so gut im Traum als im Wachen und sind jenes so gut als dieses; es gehört unter die Vorzüge des Menschen, dass er träumt und es weiß. Man hat schwerlich noch den rechten Gebrauch davon gemacht. Der Traum ist ein

Leben, das, mit unserm übrigen zusammengesetzt, das wird, was wir ‚menschliches Leben' nennen."[95]

Anhang

Anmerkungen

1 Fiss, Harry: Der Traumprozess. Auswirkung, Bedeutung und das Selbst. In: Herbert Bareuther et al. (Hrsg.): Traum, Affekt und Selbst. Zübingen 1999, S. 181 – 212.

2 Cartwright, Rosalind: Dreams that work: The relation of dream incorporation to adatation to stressful events. *Dreaming* I/I, 1991, S. 3 – 9.

3 Zitiert nach Mackenthun, Gerald: Schlüsselbegriffe der Tiefenpsychologie und der medizinischen Anthropologie. 1998, S. 12. (Vorlesungen 1998 bis 2000 am Institut für Medizin-/Pflegepädagogik

und Pflegewissenschaft des Berliner Universitätsklinikums Charité. Im Internet unter http://home.t-online.de/home/Mackenthun/key.htm).

4 Artemidor von Daldis: Das Traumbuch. Zürich/München 1979.

5 Ebd.

6 Ebd.

7 Freud, Sigmund: Die Traumdeutung. Frankfurt 1991.

8 Bei der Traumphysiologie spielen Hormone eine wichtige und offensichtlich sehr komplexe Rolle. So galt der Neurotransmitter Acetylcholin lange als Stoff, aus dem unsere Träume sind. 1978 hatte man entdeckt, dass diese Substanz den REM-Schlaf (mit) auslöst: Spritzte man Versuchspersonen Acetylcholin, begannen starke REM-Phasen und -Träume. Erst vor kurzem entdeckte man die traumfördernde Funktion des Hormons Vasotocin. Gebildet wird es nur während der Traumphasen in der Zirbeldrüse des Zwischenhirns. Je lebhafter die Träume einer Person sind, desto höher ist die Konzentration dieses Hormons. Mittlerweile weiß man, dass der Neurotransmitter Serotonin diese Wirkung verstärkt: Bei einem Serotoninmangel kann auch das Schlaf- und Traumhormon Vasotocin nicht mehr richtig wirken. Die Folgen können mit Depressionen einhergehende Schlafstörungen sein – ein weiterer Hinweis, dass Störungen des Traumschlafs sich nachhaltig psychisch auswirken.

9 Langens, Thomas: Tagträume. Anliegen und Motivation. Göttingen 2002.

10 Ebd.

11 Eine wichtige Rolle spielen Tagträume auch in der Kinder- und Jugendpsychologie, wie Eva Tenzer in *Psychologie Heute* (Ausgabe 2/2003) berichtet, da sie über Konflikte und Anliegen informierten. Der Pädagogikprofessor Reinhard Fatke hebt dabei nach seinen Forschungen über die kindliche Fantasietätigkeit Folgendes hervor: „Viele Geschichten, die Kinder erfinden und erzählen, sind gestaltete Tagträume. Sie spielen eine größere Rolle, und sie sind auch weitaus häufiger, als Erwachsene vermuten." Über ein Jahr lang befragte er Kinder im Alter zwischen drei und zwölf Jahren nach ihren Tagträumen. Die Analyse der von ihm gesammelten 500 Tagträume kommentiert er so: „Tagträume sind für Kinder Erkundungsfahrten in die Möglichkeit, die durchaus zur besseren Wirklichkeit werden kann. Somnia trahunt – Tagträume ziehen die Kinder voran und bereiten den jeweils nächsten Entwicklungsschritt vor. In den Träumen beschäftigen sie sich auch immer wieder mit kognitiven und emotionalen Konflikten des Alltags, mit Geschwisterrivalitäten, Mangelsituationen oder der Furcht, von den Eltern zurückgewiesen zu werden." Diese Themen werden symbolisch in Geschichten, Rollenspielen oder Zeichnungen aufgenommen. Fatke fand auch heraus, dass es dabei durchaus geschlechtsspezifische Unterschiede gibt. So tagträumen Mädchen eher von Mangelsituationen wie Kälte, Verlassenwerden oder Sichverlaufen, Jungen dagegen eher von Bedrohungs- und Bewährungssituationen wie Auseinandersetzungen und Kämpfe. Bei Jugendlichen verlagert sich die Tagtraumtätigkeit dann von den erzählten Geschichten und den Spielen hin zu einer mehr inneren, sprachlosen Form, die viel weniger nach außen dringt. Ihre Funktion bleibt aber im Wesentlichen dieselbe.

12 Linke, Detlef: Vom Träumen und dem Sinn des Lebens (Interview). In: *Universitas* 2/2001, S. 187 – 198.

13 Man hat diese sexuelle Kernsymbolik der psychoanalytischen Traumdeutung oft und gerne kritisiert – am bekanntesten ist wohl diese Form: „Das Konkave ist etwas sehr Sinnliches, das Konvexe löst

starke Gefühle aus; die höchste Stufe der Wollust aber ist das Plane, als die Vereinigung des Konkaven und des Konvexen."

14 Freud, Sigmund: Die Traumdeutung. Frankfurt 1991.

15 Ebd.

16 Nach Mertens, Wolfgang: Traum und Traumdeutung. München 2000.

17 Von Uslar, Detlef: Schulen der Traumdeutung. In: *UniMagazin Zürich* 1/2000, S. 10 – 13.

18 Mertens, Wolfgang: Traum und Traumdeutung. München 2000, S. 45 f.

19 Schredl, Michael: Der Traum ist ein existentielles Gesamterlebnis (Interview). In: *Psychologie Heute* 10/1998, S. 24 – 29.

20 Der Österreicher Otto Pötzl hatte während des Ersten Weltkriegs völlig überraschende Befunde bei gehirngeschädigten Patienten gemacht, die er an Gesunden überprüfen wollte. Dazu schien ihm der Traum das geeignete Forschungsfeld. Er präsentierte seinen Probanden extrem kurz so genannte tachistoskopische – „unterschwellige" – Bilder, die bewusst nicht erkannt werden können. So berichtete eine Person, nachdem ihr ein Bild der Jerusalemer Klagemauer präsentiert worden war – die sie im Realleben unmöglich gekannt haben konnte –, von einem Traumelement als „Schatten und längliche Streifen", die „wie Bäume" aussähen. Das von ihr – und anderen Probanden – gezeichnete Bild des Traumelements wertete Pötzl objektiv nach geometrischen und physiognomischen Gesichtspunkten aus. Im Vergleich mit dem Originalbild zeigten sich dann prägnante Übereinstimmungen, die das Wirken des „Unbewussten" auch im Traum bestätigten. Die Forschungsgruppe um den Psychoanalytiker Wolfgang Leuschner ging weiter und arbeitet nicht nur mit subliminalem Bildmaterial, sondern auch mit Sprache und sensorischen Reizen. Die Ergebnisse ihrer Untersuchungen bestätigen den „Pötzl-Effekt". Das freudsche Unbewusste und seine Wirkung im Traum wird zudem noch durch andere, ähnliche beeindruckende Experimente gestützt. So führte der Mediziner Karl Schrötter bereits 1912 Traumstudien durch, bei denen er seine Teilnehmer in einen hypnotischen, bewusstlosen Tiefschlaf versetzte und dann bestimmte – nach psychoanalytischem Verständnis nicht bewusstseinsfähige, weil verdrängende – sexuelle Inhalte suggerierte, von denen er annahm, dass sie danach als (latenter) Traum wieder auftauchen würden. So suggerierte er beispielsweise einer Teilnehmerin, dass sie im Traum „mit einem Manne auf französische Weise verkehren" solle, wobei die Frau im Wachleben wusste, welche sexuelle Variante dies bedeutet. Ihr Traumbericht: *Mir war, als ob sich vom oberen Augenrand eine Masse über mich senken würde, die mich am Sehen verhinderte und sich dann wie schwere Flügel über meine Schultern senkte. Ich hüllte mich ganz darin ein, als ob es ein Kimono wäre, und ging auf einen Maskenball, um B zu suchen.* Tatsächlich wurden die im hypnotischen Schlaf suggerierten Inhalte in Traumbilder umgesetzt, deren Symbolsprache eindeutig war: „Masse = fremder Körper (des Mannes)", so Schrötter, und: „Flügel über den Schultern = Beine (des Mannes)". Zudem könne man „in den Kimono eingehüllt" als vollzogene Vereinigung deuten.

21 Jung, Carl Gustav/Freeman, John: Symbole und Traumdeutung. Ein erster Zugang zum Unbewussten. Düsseldorf/Zürich 1998.

22 Jung, Carl Gustav: Traumanalysen. Düsseldorf/Zürich 1991.

23 Fromm, Erich: Märchen, Mythen, Träume. Eine Einführung in das Verständnis einer vergessenen Sprache. Reinbek 1981.

24 Ebd.

25 Ebd., S. 105 ff.

26 Die Träume werden dabei in Form so genannter Traumberichte neutralen und zufällig ausgewählten Personen vorgelegt, die mittels differenzierter Kriterien beurteilen, welche Trauminhalte vorkommen. Da die Analysekriterien definiert sind, können mögliche Verzerrungen durch Vorwissen vermieden und die Träume verglichen werden. Diese Methode ist für die psychologische Traumforschung grundlegend und erfüllt verbindliche wissenschaftliche Standards. Wissenschaftlich spielen dabei auch folgende Aspekte eine methodisch große Rolle: Qualität der Traumerinnerung, Gestaltungsmittel der Traumerfahrung und der Fantasie, Einfluss der Vorschlafsituation auf Träume, Traumelemente in ihrem Bezug zur Lebenssituation, Individualität und Traummerkmale, Träume aus verschiedenen Schlafstadien, Reizverarbeitung in Traum und Fantasie, Querschnitt- und Längsschnittuntersuchungen über Träume und Fantasien im Kindes-, Erwachsenen- und Seniorenalter. Die Traumberichte erhalten die Forscher meist auf folgende Weise: Die Schläfer und Träumer werden im Schlaflabor während verschiedener Schlafphasen geweckt und nach ihren Traumerfahrungen gefragt. Dabei werden Non-REM- und REM-Schlafphasen unterschieden. Zudem wird der jeweilige Zeitpunkt innerhalb dieser Phasen (beispielsweise nach fünf-, zehn-, 15-, 20-minütigem oder ungestörtem REM-Schlaf) einbezogen. Die ältere Methode, die Versuchsträumer aufzufordern, die erinnerten Träume zu Hause auf Tonband aufzunehmen oder auf andere Weise aufzuzeichnen, wird seltener angewendet.

27 Strauch, Inge: Die Traumwelt im Alter. In: *UniMagazin Zürich* 1/2000, S. 42 - 44.

28 Meier, Barbara: Die Quellen des Traumes. In: *UniMagazin Zürich* 1/2000, S. 28 - 31.

29 Ebd.

30 Schredl, Michael: Der Traum ist ein existenzielles Gesamterlebnis (Interview). In: *Psychologie Heute* 10/1998, S. 24 - 29.

31 Als bizarr werden Traumelemente definiert, die

1. aus alltäglicher Sicht völlig außergewöhnlich sind,
2. sehr verändert wurden oder unmöglich sind,
3. soziale oder kulturelle Normen verletzen oder
4. physikalischen Gesetzen widersprechen.

Die Bizarrheit kann sich auf verschiedene Inhalte beziehen: Personen, Handlungen, Objekte, das Erleben, Szenerien oder Sprache.

32 Kohler Hänny, Luzia: Traumbilder Blinder und Sehbehinderter. In: *UniMagazin Zürich* 1/2000, S. 46 - 49.

33 Ebd.

34 Strauch, Inge/Meier, Barbara: Den Träumen auf der Spur. Ergebnisse der experimentellen Traumforschung. Bern 1992.

35 Schredl, Michael: Die nächtliche Traumwelt. Eine Einführung in die psychologische Traumforschung. Stuttgart 1999.

36 Kaiser, Nora: Den Letzten fressen die Fische. Träume von Kindern und Jugendlichen sind selten phantastisch. Eine Längsschnittuntersuchung. In: *UniMagazin Zürich* 1/2000, S. 38 - 41.

37 Strauch, Inge: Die Traumwelt im Alter. In: *UniMagazin Zürich* 1/2000, S. 42 - 44.

38 Ebd.

39 Schredl, Michael: Der Traum ist ein existenzielles Gesamterlebnis (Interview). In: *Psychologie Heute* 10/1998, S. 24 - 29.

40 Kuiken, Don: An enriched conception of dream metaphor. *Sleep and Hypnosis* 1/1999, S. 112 - 121.

41 Schredl, Michael: Traumhaft. In: *Flensburger Hefte* 3/2000, S. 90 - 105.

42 Leuschner, Wolfgang: Über Neuromythologie. *Psyche* 11/1997. S. 410 - 422.

43 Schredl, Michael: Der Traum ist ein existenzielles Gesamterlebnis (Interview). In: *Psychologie Heute* 10/1998, S. 24 - 29.

44 Eckermann, Johann Peter/Weitz, Hans-Joachim/bergemann, Fristz (Hrsg.): Gespräche mit Goethe in den letzten Jahren seines Lebens. Frankfurt 1992.

45 Cartwright, Rosalind: The role of REM sleep and dream affect in overnight mood regulation: A study of normals. Psychiatry Research 81/1998, S. 1 - 8.

46 Zitiert nach Lavie, Peretz: Die wundersame Welt des Schlafens. Entdeckungen, Träume, Phänomene. München 1999, S. 119.

47 Ebd.

48 Royston, Robin: Dreams and physical illness. American Association fort he Study of Dreams. Paper, Washington 1996.

49 Roth, Philip: Mein Leben als Sohn. Eine wahre Geschichte. München 1992.

50 Ebd.

51 Alvarez, Alfred: Die Nacht. Von Dunkelheit, Träumen und Nachtschwärmern. Hamburg 1997.

52 Ebd.

53 Hartmann, Ernest: Träumen kontextualisierter Emotionen. Eine neue Theorie über das Wesen und Funktion. In: Herbert Bareuther et al. (Hrsg.): Traum, Affekt und Selbst. Tübingen 1999, S. 115 - 158.

54 Lewicki, Pawel: Nonconscious acquisition of information. In: American Psychologist, 47/1992, S. 796 - 801.

55 Fiss, Harry: Traumforschung nach Hobson und Solms, In: Stephan Hau, Wolfgang Leuschner, Heinrich Deserno (Hrsg.): Traum-Expeditionen. Psychoanalytische Beiträge aus dem Siegmund-Freud-Institut, Band 8, Tübingen 2002, S. 71 - 90.

56 Burkhard, Peter: Hypnotische Phänomene. In: Dirk Revenstorf: Klinische Hypnose. 2. Korrigierte und überarbeitete Auflage. Berlin/Heidelberg 1993, S. 25 ff.

57 Zitiert nach: Sudelbücher, Heft F. Hrsg. Von Wolfgang Promies in Zusammenarbeit mit Barbara Promies: Georg Christoph Lichtenberg. Aphorismen, Schriften, Briefe. München 1991.

58 Fromm, Erich: Märchen, Mythen, Träume. Eine Einführung in das Verständnis einer vergessenen Sprache. Reinbek 1981.

59 Schredl, Michael: Der Traum ist ein existenzielles Gesamterlebnis (Interview). In: *Psychologie Heute* 10/1998, S. 24 - 29.

60 Alvarez, Alfred: Die Nacht. Von Dunkelheit, Träumen und Nachtschwärmern. Hamburg 1997.

61 Artemidor von Daldis: Das Traumbuch. Zürich/München 1979, S. 112.

62 Schredl, Michael: Die nächtliche Traumwelt. Eine Einführung in die psychologische Traumforschung. Stuttgart 1999.

63 Condrau, Gion: Deutung und Auslegung der Träume. In: Gion Condrau. Einführung in die Psychotherapie. Geschichte, Schulen, Methoden, Praxis. Frankfurt 1989, S. 277 - 283.

64 Ebd.

65 Ebd.

66 Ebd.

67 Ebd.

68 Versuchen Sie sich einen regelmäßigen Schlafrhytmus anzugewöhnen - zum bessren Schlaf und zur täglichen „Schlafhygiene“ empfehlen Schlafmediziner im Übrigen folgende Verhaltensregeln: Das Schlafzimmer und das bett sind dem Schlaf - und der Liebe - vorbehalten: Weder Fernsehen noch Lesen, essen oder „melancholische Auszeiten“ sind hier angebracht. Gestalten Sie darüber hinaus das Schlafzimmer angenehm, und halten Sie es frei von Störungen. Gehen Sie nur ins Bett, wenn Sie müde sind. Achten Sie auf einen regelmäßigen Tagesablauf (Mahlzeiten, Medikamenteneinnahme etc.) und stehen Sie täglich um die gleiche Uhrzeit auf - auch am Wochenende oder im Urlaub. Gewöhnen Sie sich Entspannungsrituale an, bevor Sie schlafen gehen - etwa ein Fußbad oder einen kleinen Spaziergang. Bewegen Sie sich regelmäßig, aber treiben Sie mindestens 3 Stunden vor dem Schlafengehen keinen Sport mehr. Nehmen Sie keine koffeinhaltigen Getränke oder Nahrungsmittel später als 6 (!) Stunden vor der Bettruhe zu sich. Trinken Sie keinen Alkohol vor dem Schlafengehen oder wenn Sie müde sind. Machen Sie abends kein Nickerchen mehr. Wenn Sie sich eine „Auszeit“ nehmen, dann sollte sie immer tagsüber um dieselbe Zeit stattfinden (dies gilt nur für den Fall, dass Sie Schlafprobleme haben). Achten Sie auf ihre Ernährung: Nehmen Sie keine üppigen Mahlzeiten kurz vor dem Schlafengehen zu sich. Trinken Sie stattdessen Milch, denn alle Milchprodukte enthalten das schlaffördernde Tryptophan. Schlechter Schlaf unterbindet nicht, dass Sie träumen. Falls Sie nicht gut schlafen und Sie sich Sorgen machen, sollten Sie auch an die folgenden Dinge denken: Schlaf muss nicht immer gut sein: Vereinzelte schlechte Nächte sind durchaus normal. Beachten Sie, dass es individuelle Unterschiede gibt: Nicht jeder muss 8 Stunden schlafen, auch ein kürzerer Schlaf kann erholsam und ausreichend sein. Auch Schlaflose schlafen - selbst wer subjektiv überzeugt ist, die Nacht „wieder kein Auge zugetan“ zu haben, schläft eine gewisse Zeit lang. Durch schlechten Schlaf sind keine lebensbedrohlichen Folgen für Herz- oder Gehirnfunktion zu befürchten. Experten empfehlen zudem, sich mit schlaffördernden Entspannungsmethoden vertraut zu machen und sie regelmäßig zu praktizieren. Wenn Sie irgendein Medikament nehmen müssen und sich nicht sicher sind, ob dieses Ihre Schlafstörung verursacht, sollten Sie immer einen (Schlaf-)Mediziner konsultieren.

69 Proust, Marcel: In Swanns Welt. Auf der Suche nach der verlorenen Zeit I. Frankfurt am Main 1997, S. 38.

70 Freund, Wilhelm: jeder Traum hat seinen Sinn. Logopädisches Traumverstehen, Freiburg 1998.

71 Bürki, Hans: Träume sehen tiefer und weiter. Die Kunst des Nachfragens. In: Hans Bürki: Ganz Mensch werden: Wachstum, Widerstand, Reife. Moers 1993.

72 Ebd.

73 Ebd.

74 Ebd.

75 Ebd.

76 Ebd.

77 Ebd.

78 Wittgenstein, Ludwig: Tractatus logico-philosophicus. Tagebücher 1914 – 1916. Philosophische Untersuchungen. Ludwig Wittgenstein, Werkausgabe, Band I. Frankfurt am Main 2002, S. 277 f.

79 Ebd.

80 Bürki, Hans: Träume sehen tiefer und weiter. Die Kunst des Nachfragens. In: Hans Bürki: Ganz Mensch werden: Wachstum, Widerstand, Reife. Moers 1993.

81 Ebd.

82 Vollmar, Klausbernd/Lenz, Konrad: Traumdeutung. München 2003.

83 Ebd.

84 Dieser Fragebogen ist nicht öffentlich und nur gegen Gebühr erhältlich. Weitere Informationen finden Sie im Internet unter: www.traumbuero.com

85 Schredl, Michael: Traumhaft. In: *Flensburger Hefte* 3/2000, S. 90 – 105.

86 Ebd.

87 Ebd.

88 Bei den nächtlichen Angsterlebnissen unterscheidet man folgende Traumformen: Angst und Albträume treten meist in den (längeren) REM-Traumphasen der zweiten Nachthälfte auf. Ein Albtraum kann wenige Minuten bis zu einer halben Stunde dauern. Beim Aufwachen erinnert sich der Träumer in aller Regel an den Traum und kann ihn berichten.
Pavor nocturnus erscheinen meist in der ersten Nachthälfte und nicht in den REM-Phasen. Diese Schlafstörung betrifft hauptsächlich Kinder zwischen drei und sieben Jahren. Charakteristische körperliche Merkmale: Zittern, Schweißausbruch, Herzrasen. Wenn die Kinder aufwachen, fehlt ihnen jede Erinnerung an den Traum.
Posttraumatische Träume: Unabhängig von der Schlafphase werden in diesen Non-REM- und REM-Träumen real erlittene traumatische Erlebnisse mehr oder weniger identisch wiederholt. Beim Aufwachen erinnert der Träumer meist sehr genau, was er geträumt hat, die erlebte Angst ist individuell unterschiedlich ausgeprägt.

89 Zum Thema wer warum, wann Albträume hat, möchte ich eine launige Meldung aus der Tageszeitung zitieren (taz, 16. Juli 2001, S. 1): „Guten Tag meine Damen und Herren! Je rechter ein Politiker, desto schlechter seine Träume. Nach einer Studie der Britischen Gesellschaft für Traumforschung sind bei den Rechten die Hälfte aller Träume Albträume, bei den Linken sind es dagegen nur 18 Prozent. Das wirft Fragen auf, etwa nach Franz Müntefering. In der Zeit träumt dem SPD-Generalsekretär nämlich eine skurrile Expedition auf der Suche nach Erkenntnis: „Wie sind viele im Traum, eine ganze Gesellschaft, ich kenne nicht alle." Gemeinsam aber singen sie „selig wie die Säufer den Schlager von Ursel und Urban beim Urlaub im Urwald. Alle finden es hier urig." Bis sie Kain begegnen, „Kain mit dem Herzen von Abel. Kain mit dem Kopf von Abel. Kopf oder Herz. Zahl oder Ähre. Keinabel, Abelkain." Hm. Ist Müntefering nun rechts? Oder links? Linksrechts? Rechtslinks?"

90 Die Woche, Ausgabe vom 01. Dezember 2000.

91 Den Begriff „lucid dreams" prägte der holländische Psychiater und Poet Frederik Willems Von Eeden gegen Ende des 19. Jahrhunderts. Er nannte sie so, weil sich die Traumgebung in diesen Träumen charakteristisch veränderte und intensiver erlebt wurde. Van Eden war selbst Klarträumer und berichtete der Society for Psychical Research 1913 über dieses völlig neue Phänomen und schickte über 300 aufgezeichnete „Klarträume". Sigmund Freud sendete er mehrere kollegialfachliche Briefe zum Thema, aber der Wiener Traumexperte konnte offensichtlich mit dieser Art von

„Bewusstmachen" wenig anfangen. Klarträume unterscheiden sich nach einer Einstellung von Paul Tholey (1985) von üblichen Träumen dadurch, dass dem Träumer im Traum bewusst wird, dass er träumt. Die Spannweise des möglichen Erlebens im Klartraum erstreckt sich über Wahrnehmungen und Empfindungen, die denen im Wacherleben ganz ähnlich sind, es können aber auch fantastische oder bizarre Traumsequenzen erscheinen.

92 Traumwerkstatt (Hrsg.): Träume in der Paartherapie. Göttingen 1998.

93 Flöttmann, Holger: Träume zeigen neue Wege. Systematik der Traumsymbole. Suttgart 1998.

94 Schredl, Michael et al.: Trauminhalte bei schlafgestörten Patienten und Patientinnen. In: *Psychotherapie, Psychosomatik, Medizinische Psychologie* 2/48, 1998, S. 39 – 44.

95 Zitiert nach: Sudelbücher, Heft F. Hrsg. Von Wolfgang Promies in Zusammenarbeit mit Barbara Promies: Georg Christoph Lichtenberg. Aphorismen, Schriften, Briefe. München 1991.

Anhang

Literatur

Alvarez, Alfred: Die Nacht. Von Dunkelheit, Träumen und Nachtschwärmern. Hamburg 1997.

Artemidor von Daldis: Das Traumbuch. Zürich/München 1979. Bareuther, Herbert (Hrsg.): Traum und Gedächtnis. Neue Ergebnisse aus psychologischer, psychoanalytischer und neurophysiologischer Forschung. Materialien aus dem Sigmund-Freud-Institut 15, Münster 1996.

Bareuther, Herbert et al (Hrsg.): Traum, Affekt und Selbst. Tübingen 1999.

Benedetti, Gaetano: Botschaft der Träume. Göttingen 1998. Boothe, Brigitte/Meier, Barbara (Hrsg.): Der Traum. Phänomen – Prozess – Funktion. Zürich 2000.

Boothe, Brigitte (Hrsg.): Der Traum. 100 Jahre nach Freuds Traumdeutung. Zürich 2000.

Borbély, Alexander: Das Geheimnis des Schlafs. Stuttgart 1984; im Internet unter: http://www.unizh.ch/phar/sleep/buch/Geheimnis_des_Schlafs.pdf

Bürki, Hans: Träume sehen tiefer und weiter. Die Kunst des Nachfragens. In: Hans Bürki: Ganz Mensch werden: Wachstum, Widerstand, Reife. Moers 1993.

Cartwright, Rosalind: The contribution of sleep and dream variables to the prediction of remission from depression. Psychiatry Research 80/ 1998a, 249-255.

Cartwright, Rosalind: The role of REM sleep and dream affect in overnight mood regulation: A study of normals. Psychiatry Research 81/ 1998b, 1-8.

Cartwright, Rosalind/Lamberg, Lynne: KrisenTräume. Wie sie entstehen. Was sie uns sagen. Wie wir sie nutzen. Hamburg 1996.

Cartwright, Rosalind: Dreams that work: The relation of dream incorporation to adaptation to stressful events. *Dreaming* 1/1, 1991, S. 3–9.

Condrau, Gion: Deutung und Auslegung der Träume. In: Gion Condrau: Einführung in die Psychotherapie. Geschichte, Schulen, Methoden, Praxis. Frankfurt 1989, S. 253–284.

Deserno, Heinrich (Hrsg.): Das Jahrhundert der Traumdeutung. Perspektiven psychoanalytischer Traumforschung. Stuttgart 1999.

Fiss, Harry: Traumforschung nach Hobson und Solms. In: Stephan Hau, Wolfgang Leuschner, Heinrich Deserno (Hrsg.): TraumExpeditionen. Psychoanalytische Beiträge aus dem Sigmund-Freud-Institut, Band 8, Tübingen 2002, S. 71–90.

Fiss, Harry: Der Traumprozess. Auswirkung, Bedeutung und das Selbst. In: Herbert Bareuther et al. (Hrsg.): Traum, Affekt und Selbst. Tübingen 1999, S. 181–212.

Flöttmann, Holger: Träume zeigen neue Wege. Stuttgart 1998.

Freud, Sigmund: Die Traumdeutung. Frankfurt 1991.

Freud, Sigmund: Über Träume und Traumdeutungen. Frankfurt 1994.

Freund, Wilhelm: Jeder Traum hat seinen Sinn. Logopädisches Traumverstehen, Freiburg 1998.

Fromm, Erich: Märchen, Mythen, Träume. Eine Einführung in das Verständnis einer vergessenen Sprache. Reinbek 1981.

Kohler Hänny, Luzia: Traumbilder Blinder und Sehbehinderter. *UniMagazin Zürich* 1/2000, S. 46–48.

Hamburger, Andreas: Wenn Paare sich im Traum begegnen. Freiburg 1995.

Harnisch, Günter: Träume verstehen und selbst gestalten. Stuttgart 1999.

Hartmann, Ernest: Träumen kontextualisierter Emotionen. Eine neue Theorie über das Wesen und Funktion. In: Herbert Bareuther et al. (Hrsg.): Traum, Affekt und Selbst. Tübingen 1999, S. 115–158.

Hau, Stephan/Leuschner, Wolfgang/Deserno, Heinrich (Hg.): TraumExpeditionen. Psychoanalytische Beiträge aus dem Sigmund-Freud-Institut, Band 8. Tübingen 2002.

Hermes, Laura: Träumen wie die alten Römer. Antike Traumsymbole von A–Z. Krummwisch 2002.

Holzinger, Inge: Der luzide Traum. Phänomenologie und Physiologie, 2. überarbeitete Auflage. Wien 1997.

Huber, Andreas: Die Weisheit der Träume. In: *Psychologie Heute* 10/1998, S. 20–23.

Institut für Demoskopie Allensbach: „Des Nachts verwandeln sich viele in Dagobert Duck". Allensbacher Berichte Nr. 12/Dezember 2000 (Archivnummer 6091).

Kaiser, Nora: Den Letzten fressen die Fische. Träume von Kindern und Jugendlichen sind selten phantastisch. Eine Längsschnittuntersuchung. UniMagazin Zürich 1/2000, 38-41.

Jung, Carl Gustav: Traum und Traumdeutung. C. G. Jung Taschenbuchausgabe der Gesammelten Werke, Band 4. München 2001.

Kohler Jänny, Luzia: Traumbilder Blinder und Sehbehinderter. In: UniMagazin Zürich 1/2000, 46-49

Koppel, Glenn: Wochenendlektüre. Träumen und Traumdeutung. Vandenhoeck Transparent Band 12, Göttingen 1994.

Koukkou, Martha/Leuzinger-Bohleber, Marianne/Mertens, Wolfgang (Hg.): Erinnerungen von Wirklichkeiten. Psychoanalyse und Neurowissenschaften im Dialog, Bd. 1. Stuttgart 1997.

Kruse, Peter; Michael Stadler: The significance of nonlinear phenomena for the investigation of cognitive systems. In: H. Haken,

A. Mikhailov (Hrsg.): Interdisciplinary Approaches to Nonlinear Complex Systems. Springer Verlag, Berlin/Heidelberg 1993, S. 138-160.

Kuiken, Don: An enriched conception of dream metaphor. *Sleep and Hypnosis* 1/1999, S. 112–121.

Kuiken, Don: Dreams and feeling realization. *Dreaming* 5/1995, S. 129–157.

Kuiken, Don/Sikora, Steve: The impact of dreams on waking thoughts and feelings. In: Alan Moffitt, Milton Kramer, Robert Hoffman (Hrsg): The functions of dreams. New York 1993, S. 419– 475.

Kursbuch: „Träume", Heft 138, Berlin 1999.

Langens, Thomas: Tagträume. Anliegen und Motivation. Göttingen 2002.

Lavie, Peretz: Die wundersame Welt des Schlafes. Entdeckungen, Träume, Phänomene. München 1999.

Lemke, Helga: Das Traumgespräch. Umgang mit Träumen nach klientenzentriertem Konzept. Stuttgart 2000.

Leuschner, Wolfgang: Tagesgedanken als Traumerreger. In: Stephan Hau, Wolfgang Leuschner, Heinrich Deserno (Hrsg.): TraumExpeditionen. Psychoanalytische Beiträge aus dem Sigmund-Freud-Institut, Band 8. Tübingen 2002, S. 201–218.

Leuschner, Wolfgang u.a.: Ich-Funktionen im Schlaf. In: Herbert Bareuter u. a. (Hg.): Traum, Affekt und Selbst. Tübingen 1999, S. 261-276.

Leuschner, Wolfgang u.a.: Couch im Labor. Experimentelle Erforschung unbewusster Prozesse. *Psyche* 52/1998, S. 824–849.

Leuschner, Wolfgang: Über Neuromythologie. *Psyche* 11/1997. S. 410–422.

Leuzinger-Bohleber, Marianne: Träume oder Schäume? Psychoanalyse heute. In: *Gehirn und Geist* 3/2002, S. 22–26. Lewicki, Pawel: Nonconscious acquisition of information. American Psychologist, 47/1992, 796-801.

Linke, Detlef: Vom Träumen und dem Sinn des Lebens (Interview). In: *Universitas* 2/2001, S. 187–198.

Mackenthun, Gerald: Schlüsselbegriffe der Tiefenpsychologie und der medizinischen Anthropologie. (Vorlesungen 1998 bis 2000 am Institut für Medizin- und Pflegepädagogik/Pflegewissenschaft des Berliner Universitätsklinikums Charité; im Internet: http://home.tonline.de/home/Mackenthun/key.htm)

Malerba, Luigi: Der Traum als Kunstwerk. Berlin 2002. Meier, Barbara: Die Quellen des Traumes. Unimagazin Zürich 1/2000, S. 28-31.

Mertens, Wolfgang: Traum und Traumdeutung. München 2000. Moser, Ulrich/von Zeppelin, Ilka: Der geträumte Traum. Wie Träume entstehen und sich verändern. Stuttgart 1997.

Royston, Robin: Dreams and physical illness. American Association for the Study of Dreams, paper, 1996.

Schredl, Michael: Körper-Seele-Interaktion: Trauminhalt und Physiologie des REM-Schlafes. In: *Verhaltenstherapie & Verhaltensmedizin* 22/2, 2001, 137-151

Schredl, Michael: Traumhaft. In: *Flensburger Hefte* 3/2000, S. 90– 105.

Schredl, Michael: Woher die Träume kommen. Psychologie und Physiologie eines nächtlichen Phänomens. In: Kursbuch Träume, Heft 138, Berlin 1999a, S. 140–150.

Schredl, Michael: Die nächtliche Traumwelt. Eine Einführung in die psychologische Traumforschung. Stuttgart 1999b.

Schredl, Michael: Der Traum ist ein existentielles Gesamterlebnis (Interview). In: *Psychologie Heute* 10/1998a, S. 24–29. Schredl, Michael et al.: Trauminhalte bei schlafgestörten Patienten und Patientinnen. In: *Psychotherapie, Psychosomatik, Medizinische Psychologie* 2/48, 1998b, S. 39–44.

Schredl, Michael: Hör auf deine Träume. Küttingen/Aarau 1996. Solms, Mark: Triebe machen Träume (Interview). In: *Psychologie Heute* 03/2000, S. 30–34.

Stevens, Anthony: Vom Traum und vom Träumen. Deutung, Forschung, Analyse. München 1996.

Strauch, Inge: Die Traumwelt im Alter. In: *UniMagazin Zürich* 1/2000, S. 42–44.

Strauch, Inge/Meier, Barbara: 20 Jahre Traumforschung. Studierende entdecken die Welt der Träume und Phantasien. Bericht Nr. 46 des Psychologischen Institutes, Universität Zürich 1999.

Strauch, Inge et al.: Träume und Wachphantasien von der späten Kindheit bis zur Adoleszenz – Ergebnisse einer Längsschnittuntersuchung. Bericht Nr. 39 des Psychologischen Institutes, Universität Zürich 1997.

Strauch, Inge/Meier, Barbara: Den Träumen auf der Spur. Ergebnisse der experimentellen Traumforschung. Bern 1992.

Tenzer, Eva: Kreative Ausflüge in die Welt der Fantasie. In: *Psychologie Heute* 2/2003, S. 40–44.

Tholey, Paul/Utechi, Kaleb: Schöpferisch Träumen. Der Klartraum als Lebenshilfe. Niedernhausen 1987.

Traumwerkstatt (Hg.): Träume in der Paartherapie. Göttingen 1998.

Vedfeld, Ole: Dimensionen der Träume. Ein Grundlagenwerk zu Wesen, Funktion und Interpretation. Zürich/Düsseldorf 1997.

Vollmar, Klausbernd/Lenz, Konrad: Traumdeutung. München 2003.

Von Uslar, Detlef: Der Traum als Welt. Zur Ontologie und Phänomenologie des Traums. Pfullingen 1969.

Von Uslar, Detlef: Schulen der Traumdeutung; in: Unimagazin 1/2000, 10-13.

Zwiebel, Ralf/Leuzinger-Bohleber, Marianne (Hg.): Träume, Spielräume I. Aktuelle Traumforschung. Göttingen 2002.

Links zum Thema im Internet

Im Internet gibt es unzählige Angebote zum Thema Traum und Traumdeutung. Da sie praktisch ausnahmslos von privaten Anbietern stammen, die ihre kommerziellen Dienste anbieten oder eigene „Traumtheorien" vertreten, möge der Leser selbst prüfen und entscheiden, ob er davon Gebrauch machen möchte. Hier finden Sie drei ausgewählte Hinweise und Empfehlungen:

- Als umfassenden seriösen Link rund um den Schlaf und das Träumen: http://www.schlafkampagne.de.
- Fachliche Informationen zum Thema Schlafen und Träumen finden sich mit einigen weiterführenden Links auch auf der Homepage der Deutschen Gesellschaft für Schlafforschung und Schlafmedizin (DGSM) unter: http://www.uni-marburg.de/sleep/dgsm/.
- Einen von der Kölner Staatlichen Zentralstelle für Fernunterricht im Januar 2002 geprüften und zugelassenen Fernlehrkurs „Studienlehrgang Träume und Traumdeutung" offeriert das Schweizer Institut für Traumanalysen in Kreuzlingen, Informationen im Internet unter: www.traumfernschule.ch.

Für alle weiteren spezifischen Fragen zum Träumen sei dem interessierten Leser der Kontakt mit einer der bundesweit flächendeckend niedergelassenen, regionalen Psychologischen Beratungsstellen in seiner Nähe empfohlen – die Adressen und Telefonnummern stehen in jedem regionalen Telefonbuch.

Der Traum ist alles andere als „Wahn" oder Halluzination:
Trauminhalte sind praktisch nie willkürlich oder zufällige Kompositionen von Tageseindrücken und Erinnerungen. Genauso wie sich im Schlaf der Körper erholt, regeneriert der Traum das menschliche Gehirn: Während es die aktuellen Ereignisse verarbeitet, macht es sich fit für die kommenden Herausforderungen. Die modernen Traumpsychologen nennen dies *Mastery-Theorie:* Der Traum ist eine mentale Tätigkeit der komplexen Informationsverarbeitung, die generell der Problemlösung dient – kognitiv-gedanklich, emotional und handlungsorientiert. Und somit eine wichtige Facette einer gelungen Lebenskunst. Wenn wir dabei bedenken, dass wir fast 50.000 Stunden im Leben träumen, ist es schon fast unverantwortlich diese Ressource so sträflichste zu vernachlässigen.
Fortführende Informationen und Seminare und Vorträge können auch bei den Autoren angefragt werden.
Mehr unter www.helmutfuchs.de oder www.launologie.com

Psychoanalytisch-orientierte

Persönlichkeitsdiagnostik für TOP-Führungskräfte

Anamnese - Diagnostik - Beratung - Coaching - Therapie

bei

beruflichen Krisen - persönlichen Krisen - Lebenskrisen

Karriereknick

kritische Kommunikation

Beziehungsprobleme

Burn-Out

Stimmungsschwankungen

emotionale Konflikte

Innere Kündigung

Depression

Führungsprobleme

seriös - evaluiert - diskret - intensiv

Dr. Fuchs & Kollegen

Berlin = Zürich = Palma

www.helmutfuchs.de

Agiles Mindsetting & Coaching
EIS
KARTE
Dr. Helmut Fuchs
Der Launologe

MIX
Papier aus verantwortungsvollen Quellen
Paper from responsible sources
FSC® C105338

Printed by Books on Demand GmbH, Norderstedt / Germany